COLLECTION POÉSIE

CHARLES PÉGUY

Le Porche
du mystère
de la
deuxième vertu

Préface et notes de
Jean Bastaire

nrf

GALLIMARD

PRÉFACE

Un grand texte n'est pas seulement beau. Il crée de la vie, il a une influence séminale. Ainsi des Misérables *ou des* Illuminations. *Parmi les œuvres de Péguy, aucune n'a mieux joué ce rôle fécondant que* Le Porche du mystère de la deuxième vertu. *D'innombrables lecteurs en ont bénéficié. Certains y ont puisé la force d'une résurrection intime.*

Il s'agit de bien autre chose que d'une fortune temporaire, liée au climat d'une génération. Le point d'impact du Porche, *c'est la blessure par où s'enfuit, chez tout homme, le sang de l'âme. A l'anémie de l'être, quand on n'a plus envie que de se coucher et de mourir, Péguy oppose une cure radicale. Il ne le fait pas au moyen de raisonnements, encore moins avec des admonestations ou des consignes. Il a horreur de la morale et se moque de la psychologie. Sa thérapeutique est spirituelle. Elle a pour instrument le poème.*

Il n'est pas de poète véritable qui ne soit un aventurier de l'esprit. Péguy illustre cette définition qui exclut les hédonistes de la plume et les roucouleurs de miasmes. On n'entre pas sous son Porche, *d'allure bonhomme, sans mettre tout en risque. Ou plutôt on y est poussé par le risque suprême de perdre cœur et de tomber dans le vide.*

Péguy s'y est engagé en pleine détresse, parmi un champ de ruines. Hormis ses enfants, plus rien n'était sauf de ce qui avait donné sens à sa vie. La trahison du dreyfusisme et l'avilissement du socialisme avaient sapé sa foi révolutionnaire, empoisonné sa gestion des Cahiers, *détruit son foyer. Pour comble de disgrâce, un amour impossible le consumait.*

L'hymne à l'espérance qu'est le Porche *a jailli du désespoir le plus profond. Ce n'est pas un hasard si une telle suite de pages candides s'achève sur la nuit du Vendredi Saint et l'ensevelissement de Jésus : non dans l'angoisse, mais dans l'apaisement d'un repos mystérieux, dont on ne sait encore s'il débouchera sur Pâques, bien qu'il le postule. Comme si l'épuisement de l'auteur, après cette lutte invisible avec l'Ange, se dévoilait enfin, douloureuse signature au bas du tableau.*

L'œuvre doit sans doute à ces circonstances une tension existentielle qui lui permet d'éviter bien des pièges. Elle a été trop souvent desservie par une lecture niaise, en morceaux choisis, qui évacuait ce que sa tendresse a de souffrance purifiée, d'amertume transfigurée. En réalité, le Porche incarne à la lettre ce que le texte dit lui-même de l'eau mauvaise devenue source vive. Portée par l'espérance, la poésie remplit là son office le plus haut qui n'est pas d'embellissement, mais de conversion, de mort-résurrection, tirant du malheur la lumière.

*

Du coup, elle retrouve une fonction théologique et mystique que le christianisme occidental a négligée en elle depuis de longs siècles, abandonnant à des voyants incertains, plus ou moins hérétiques, ce que laissait échapper l'orthodoxie des spéculations dialectiques : la chair de l'expérience religieuse, le souffle du contact ontologique.

La poésie théologique renoue avec la grande tradition symbolique, si vivace jusqu'au XIIᵉ siècle et que le christianisme oriental a maintenue jusqu'à nos jours. Ne disons pas qu'elle pense par mythes, ces vastes images-mères où se concentre une expérience décisive. Elle pense par signes. Mais au lieu d'être empruntés à l'univers abstrait du concept, ces signes proviennent de la réalité concrète, phénoménale, historique. Le mythe lui-même, sans doute privilégié, n'est autre qu'un signe.

Le poète théologien, comme le théologien symbolique, procède à une lecture de la Création. Le monde est pour lui une Écriture sainte où se trouve raconté un événement sublime : le même que celui raconté par l'autre Livre et qu'ont fixé en mots les patriarches, les prophètes et les évangélistes. Il y a ainsi deux voies à la Révélation. Loin de faire double emploi, elles se font écho, comme si dès le commencement la Parole divine, en même temps qu'elle prenait forme dans les textes sacrés, avait voulu s'incarner en une chair cosmique.

Lorsque Péguy évoque l'âme-cheval et le corps-charrue, contemple la pluie des jours mauvais absorbée par la bonne terre d'âmes, transmet l'espérance comme à un enterrement on se passe l'eau bénite, il ne se comporte pas en créateur d'images bien venues, d'autant plus efficaces qu'elles sont limpides. Il est beaucoup plus que cela : un lecteur fidèle qui, à travers la réalité humaine, déchiffre la réalité divine.

Avec son ton madré et ses gros sabots, il comprend le langage de Dieu. Aussi n'est-il pas étonnant qu'il fasse parler Dieu.

Loin d'être un procédé littéraire, cette audace obéit à une logique intime. Nul mieux que Dieu ne peut délivrer la parole essentielle qu'avant de s'incarner personnellement en Jésus il a inscrite en chaque créature. S'il manie avec une aisance souveraine le langage des êtres et des choses, c'est qu'il en est l'auteur. Et si Péguy en est le scribe miraculeux, c'est qu'il s'efface devant le Père du Verbe. « Dit Dieu », note-t-il simplement. « Parole de Yaweh », affirmaient les prophètes. Dans l'un et l'autre cas, Dieu s'énonce lui-même en énonçant le monde.

Ainsi s'explique un des aspects les plus déroutants du Porche : le côté terre à terre, banal de cette vision. Le signe choisi paraît insignifiant et s'allume soudain d'une signification secrète. Il est non pas détruit mais magnifié par le déploiement du sens. Le muet parle tout à coup. Le silence des jours quotidiens se dénoue. Une louange insolite monte d'un univers quelconque, dont on n'attendait rien que d'ordinaire.

Aussi le poème marie-t-il un flot d'images familières et familiales : les enfants, le père, la mère, l'oncle, à une foule de citations évangéliques et liturgiques : Matthieu, Luc, Jean, l'Ave Maria, le Salve Regina, sans oublier Villon, La Fontaine et Hugo. « Tout fait ventre », dirait la sagesse populaire à laquelle Péguy également recourt. Tout sert à l'investigation d'amour et à l'élucidation mystique.

*

L'admirable dans le Porche est qu'avec des mots terreux, des images charnelles qui n'ont rien de philosophique, des mouvements du cœur qui sont ceux de n'importe quelle créature, Péguy révolutionne le christianisme au sens où, comme il le dit ailleurs, « une révolution est un appel d'une tradition moins parfaite à une tradition plus parfaite ». Sa théologie de l'espérance ruine définitivement le jansénisme et déblaie la voie royale de l'évangile, trop longtemps encombrée de craintes qui bafouent la croix du Christ.

Non seulement l'auteur du Porche retourne de l'intérieur son drame personnel de l'exil et de l'échec, convertissant la détresse en tendresse et la déréliction en abandon créateur. Mais il inverse pareillement un drame ontologique plus général qui le hante depuis sa jeunesse et qui est au cœur de sa méditation de Jeanne d'Arc : l'exil et l'échec des damnés. En une stupéfiante intuition, il fait de la damnation un exil et un échec de Dieu.

Pour l'éviter, Dieu en est réduit à espérer dans le pécheur comme le pécheur espère en Dieu. Dieu prend les devants. Là comme en amour et en toutes choses, il a l'initiative, il donne l'exemple. Cela n'illustre-t-il pas d'ailleurs le plus parfait amour, où celui qui aime se met dans la dépendance de l'aimé, compte sur l'aimé ? Dieu compte sur le pécheur, tremble pour lui dans l'attente qu'il s'amende et, tel l'enfant prodigue, vienne s'écrouler entre ses bras.

Non moins féconde est une anthropologie qui écarte toute tentation manichéenne et fait de l'homme un ensemble où le corps et l'âme « symbolisent » (s'unissent) et non « diabolisent » (se divisent). En une image saisissante, à laquelle dans Eve d'autres aussi belles font écho, Péguy compare le corps et l'âme à deux mains jointes dans la prière ou à deux poignets liés dans le péché. Ils courent même aventure. Et le poète a l'audace de renverser une proposition hélas trop usuelle, bien que non chrétienne, selon laquelle les anges ont de la chance de n'avoir pas de corps. Pour Péguy, c'est un manque, car ils ne peuvent imiter Jésus, puisqu'ils n'ont pas « le corps même de Jésus ».

Le mystère central du christianisme est l'incarnation. Dieu s'est vraiment fait homme pour que l'homme soit vraiment fait Dieu, selon l'adage traditionnel des Pères de l'Église. Tout mépris de la chair, toute détestation du temporel est une abomination, car c'est mépriser et détester la condition réelle que le Verbe a assumée pour la sauver. Dieu a tant aimé le monde : pas seulement les âmes, mais aussi les corps, la terre, la création, qu'il a donné son Fils pour eux.

Une créature est le prototype de la nouvelle humanité ressuscitée dans le Christ : Marie mère de Jésus. Elle est supérieure aux hommes et aux anges, car elle est charnelle comme les hommes et pure comme les anges, sans l'ombre de péché. Elle seule est une parfaite imitation de Jésus, parce qu'elle seule est totalement terrestre et totalement divinisée. Loin d'être un piétisme dévot, le culte de Péguy pour Marie est une exaltation du temporel par l'éternel, une glorification de la chair par l'esprit.

De même la place faite à l'enfance par l'auteur du Porche est aux antipodes de toute puérilité. Il n'y a que les adultes pour être infantiles. Les enfants sont neufs, bondissants. Avec la fraîcheur d'une terre parousiaque, leur innocence est explosive. Ils ne connaissent pas le doute. Dans leur gratuité, ils courent pour courir et non pour arriver. Ils sont pur élan. C'est pourquoi ils sont irrésistibles.

Entre ses deux grandes sœurs la foi et la charité, l'espérance est une petite fille qui entraîne tout. L'image trouvée par Péguy est tellement juste qu'elle a fait le tour du monde. Elle résume le Porche, *car ainsi que l'exprime le « puer eternus » de l'inconscient collectif, il existe une accointance fondamentale entre l'enfance et la résurrection, et l'espérance apporte la grâce anticipée de Pâques.*

Jean Bastaire

LE PORCHE DU MYSTÈRE
DE LA DEUXIÈME VERTU

NON SOLVM IN MEMORIAM
SED IN INTENTIONEM

Non seulement à la mémoire

mais à l'intention

de notre ami et de notre frère *Eddy Marix*

Eltville sur le Rhin, le 2 août 1880
Eltville sur le Rhin, le 31 août 1908

notamment en mémoire
de ce cahier qu'il fit

pour le dimanche des Rameaux
et pour le dimanche de Pâques
de l'année 1905.

cahier pour la Toussaint
et pour le jour des Morts de la treizième série;

deuxième cahier préparatoire
pour le cinq centième anniversaire
de la naissance de Jeanne d'Arc,
qui tombera pour le jour des Rois
de l'an 1912

LE PORCHE DU MYSTÈRE
DE LA DEUXIÈME VERTU

MADAME GERVAISE *rentre.*

MADAME GERVAISE

La foi que j'aime le mieux, dit Dieu, c'est l'espérance.

La foi ça ne m'étonne pas.
Ça n'est pas étonnant.
J'éclate tellement dans ma création.
Dans le soleil et dans la lune et dans les étoiles.
Dans toutes mes créatures.
Dans les astres du firmament et dans les poissons de la
    mer.
Dans l'univers de mes créatures.
Sur la face de la terre et sur la face des eaux.
Dans les mouvements des astres qui sont dans le ciel.
Dans le vent qui souffle sur la mer et dans le vent qui
    souffle dans la vallée.
Dans la calme vallée.
Dans la recoite vallée.
Dans les plantes et dans les bêtes et dans les bêtes des
    forêts.
Et dans l'homme.
Ma créature.
Dans les peuples et dans les hommes et dans les rois et
    dans les peuples.
Dans l'homme et dans la femme sa compagne.
Et surtout dans les enfants.
Mes créatures.

Dans le regard et dans la voix des enfants.

Car les enfants sont plus mes créatures.

Que les hommes.

Ils n'ont pas encore été défaits par la vie.

De la terre.

Et entre tous ils sont mes serviteurs.

Avant tous.

Et la voix des enfants est plus pure que la voix du vent dans le calme de la vallée.

Dans la vallée recoite.

Et le regard des enfants est plus pur que le bleu du ciel, que le laiteux du ciel, et qu'un rayon d'étoile dans la calme nuit.

Or j'éclate tellement dans ma création.

Sur la face des montagnes et sur la face de la plaine.

Dans le pain et dans le vin et dans l'homme qui laboure et dans l'homme qui sème et dans la moisson et dans la vendange.

Dans la lumière et dans les ténèbres.

Et dans le cœur de l'homme, qui est ce qu'il y a de plus profond dans le monde.

Créé.

Si profond qu'il est impénétrable à tout regard.

Excepté à mon regard.

Dans la tempête qui fait bondir les vagues et dans la tempête qui fait bondir les feuilles.

Des arbres dans la forêt.

Et au contraire dans le calme d'un beau soir.

Dans les sables de la mer et dans les étoiles qui sont un sable dans le ciel.

Dans la pierre du seuil et dans la pierre du foyer et dans la pierre de l'autel.

Dans la prière et dans les sacrements.

Dans les maisons des hommes et dans l'église qui est ma maison sur la terre.

Dans l'aigle ma créature qui vole sur les sommets.

L'aigle royal qui a au moins deux mètres d'envergure et peut-être trois mètres.

Et dans la fourmi ma créature qui rampe et qui amasse petitement.

Dans la terre.

Dans la fourmi mon serviteur.

Et jusque dans le serpent.

Dans la fourmi ma servante, mon infime servante, qui
    amasse péniblement, la parcimonieuse.
Qui travaille comme une malheureuse et qui n'a point
    de cesse et qui n'a point de repos.
Que la mort et que le long sommeil d'hiver.

> *haussant les épaules de tant d'évidence.*
> *devant tant d'évidence.*

J'éclate tellement dans toute ma création.
Dans l'infime, dans ma créature infime, dans ma ser-
    vante infime, dans la fourmi infime.
Qui thésaurise petitement, comme l'homme.
Comme l'homme infime.
Et qui creuse des galeries dans la terre.
Dans les sous-sols de la terre.
Pour y amasser mesquinement des trésors.
Temporels.
Pauvrement.
Et jusque dans le serpent.
Qui a trompé la femme et qui pour cela rampe sur le
    ventre.
Et qui est ma créature et qui est mon serviteur.
Le serpent qui a trompé la femme.
Ma servante.
Qui a trompé l'homme mon serviteur.
J'éclate tellement dans ma création.
Dans tout ce qui arrive aux hommes et aux peuples, et
    aux pauvres.
Et même aux riches.
Qui ne veulent pas être mes créatures.
Et qui se mettent à l'abri.
D'être mes serviteurs.
Dans tout ce que l'homme fait et défait de mal et de bien.
(Et moi je passe par-dessus, parce que je suis le maître,
    et je fais ce qu'il a défait et je défais ce qu'il a fait.)
Et jusque dans la tentation du péché.
Même.
Et dans tout ce qui est arrivé à mon fils.
A cause de l'homme.
Ma créature.
Que j'avais créé.
Dans l'incorporation, dans la naissance et dans la vie et
    dans la mort de mon fils.

Et dans le saint sacrifice de la messe.

Dans toute naissance et dans toute vie.
Et dans toute mort.
Et dans la vie éternelle qui ne finira point.
Qui vaincra toute mort.

J'éclate tellement dans ma création.

Que pour ne pas me voir vraiment il faudrait que ces
    pauvres gens fussent aveugles.

La charité, dit Dieu, ça ne m'étonne pas.
Ça n'est pas étonnant.
Ces pauvres créatures sont si malheureuses qu'à moins
    d'avoir un cœur de pierre, comment n'auraient-elles
    point charité les unes des autres.
Comment n'auraient-ils point charité de leurs frères.
Comment ne se retireraient-ils point le pain de la bouche,
    le pain de chaque jour, pour le donner à de malheu-
    reux enfants qui passent.
Et mon fils a eu d'eux une telle charité.

Mon fils leur frère.
Une si grande charité.

Mais l'espérance, dit Dieu, voilà ce qui m'étonne.
Moi-même.
Ça c'est étonnant.

Que ces pauvres enfants voient comme tout ça se passe
    et qu'ils croient que demain ça ira mieux.
Qu'ils voient comme ça se passe aujourd'hui et qu'ils
    croient que ça ira mieux demain matin.
Ça c'est étonnant et c'est bien la plus grande merveille
    de notre grâce.
Et j'en suis étonné moi-même.
Et il faut que ma grâce soit en effet d'une force incroyable.
Et qu'elle coule d'une source et comme un fleuve iné-
    puisable.

Depuis cette première fois qu'elle coula et depuis toujours qu'elle coule.

Dans ma création naturelle et surnaturelle.

Dans ma création spirituelle et charnelle et encore spirituelle.

Dans ma création éternelle et temporelle et encore éternelle.

Mortelle et immortelle.

Et cette fois, oh cette fois, depuis cette fois qu'elle coula, comme un fleuve de sang, du flanc percé de mon fils.

Quelle ne faut-il pas que soit ma grâce et la force de ma grâce pour que cette petite espérance, vacillante au souffle du péché, tremblante à tous les vents, anxieuse au moindre souffle,

soit aussi invariable, se tienne aussi fidèle, aussi droite, aussi pure; et invincible, et immortelle, et impossible à éteindre; que cette petite flamme du sanctuaire.

Qui brûle éternellement dans la lampe fidèle.

Une flamme tremblotante a traversé l'épaisseur des mondes.

Une flamme vacillante a traversé l'épaisseur des temps.

Une flamme anxieuse a traversé l'épaisseur des nuits.

Depuis cette première fois que ma grâce a coulé pour la création du monde.

Depuis toujours que ma grâce coule pour la conservation du monde.

Depuis cette fois que le sang de mon fils a coulé pour le salut du monde.

Une flamme impossible à atteindre, impossible à éteindre au souffle de la mort.

Ce qui m'étonne, dit Dieu, c'est l'espérance.

Et je n'en reviens pas.

Cette petite espérance qui n'a l'air de rien du tout.

Cette petite fille espérance.

Immortelle.

Car mes trois vertus, dit Dieu.

Les trois vertus mes créatures.

Mes filles mes enfants.

Sont elles-mêmes comme mes autres créatures.

De la race des hommes.
La Foi est une Épouse fidèle.
La Charité est une Mère.
Une mère ardente, pleine de cœur.
Ou une sœur aînée qui est comme une mère.
L'Espérance est une petite fille de rien du tout.
Qui est venue au monde le jour de Noël de l'année
    dernière.
Qui joue encore avec le bonhomme Janvier.
Avec ses petits sapins en bois d'Allemagne couverts de
    givre peint.
Et avec son bœuf et son âne en bois d'Allemagne. Peints.
Et avec sa crèche pleine de paille que les bêtes ne mangent
    pas.
Puisqu'elles sont en bois.
C'est cette petite fille pourtant qui traversera les mondes.
Cette petite fille de rien du tout.
Elle seule, portant les autres, qui traversera les mondes
    révolus.

Comme l'étoile a conduit les trois rois du fin fond de
    l'Orient.,
Vers le berceau de mon fils.
Ainsi une flamme tremblante.
Elle seule conduira les Vertus et les Mondes.

Une flamme percera des ténèbres éternelles.

Le prêtre dit.
Ministre de Dieu le prêtre dit :

Quelles sont les trois vertus théologales ?

L'enfant répond :

*Les trois vertus théologales sont la Foi, l'Espérance et la
    Charité.*

*— Pourquoi la Foi, l'Espérance et la Charité sont-elles
    appelées vertus théologales ?*

— La Foi, l'Espérance et la Charité sont appelées vertus théologales parce qu'elles se rapportent immédiatement à Dieu.

— Qu'est-ce que l'Espérance ?

— L'Espérance est une vertu surnaturelle par laquelle nous attendons de Dieu, avec confiance, sa grâce en ce monde et la gloire éternelle dans l'autre.

— Faites un acte d'Espérance.

— Mon Dieu, j'espère, avec une ferme confiance, que vous me donnerez, par les mérites de Jésus-Christ, votre grâce en ce monde, et, si j'observe vos commandements, votre gloire dans l'autre, parce que vous me l'avez promis, et que vous êtes souverainement fidèle dans vos promesses.

On oublie trop, mon enfant, que l'espérance est une vertu, qu'elle est une vertu théologale, et que de toutes les vertus, et des trois vertus théologales, elle est peut-être la plus agréable à Dieu.

Qu'elle est assurément la plus difficile, qu'elle est peut-être la seule difficile, et que sans doute elle est la plus agréable à Dieu.

La foi va de soi. La foi marche toute seule. Pour croire il n'y a qu'à se laisser aller, il n'y a qu'à regarder. Pour ne pas croire il faudrait se violenter, se torturer, se tourmenter, se contrarier. Se raidir. Se prendre à l'envers, se mettre à l'envers, se remonter. La foi est toute naturelle, toute allante, toute simple, toute venante. Toute bonne venante. Toute belle allante. C'est une bonne femme que l'on connaît, une vieille bonne femme, une bonne vieille paroissienne, une bonne femme de la paroisse, une vieille grand-mère, une bonne paroissienne. Elle nous raconte les histoires de l'ancien temps, qui sont arrivées dans l'ancien temps.

Pour ne pas croire, mon enfant, il faudrait se boucher
les yeux et les oreilles. Pour ne pas voir, pour ne pas
croire.

La charité va malheureusement de soi. La charité marche
toute seule. Pour aimer son prochain il n'y a qu'à se
laisser aller, il n'y a qu'à regarder tant de détresse.
Pour ne pas aimer son prochain il faudrait se violenter,
se torturer, se tourmenter, se contrarier. Se raidir. Se
faire mal. Se dénaturer, se prendre à l'envers, se mettre
à l'envers. Se remonter. La charité est toute naturelle,
toute jaillissante, toute simple, toute bonne venante.
C'est le premier mouvement du cœur. C'est le premier
mouvement qui est le bon. La charité est une mère et
une sœur.

Pour ne pas aimer son prochain, mon enfant, il faudrait
se boucher les yeux et les oreilles.
A tant de cris de détresse.

Mais l'espérance ne va pas de soi. L'espérance ne va pas
toute seule. Pour espérer, mon enfant, il faut être bien
heureux, il faut avoir obtenu, reçu une grande grâce.

C'est la foi qui est facile et de ne pas croire qui serait
impossible. C'est la charité qui est facile et de ne pas
aimer qui serait impossible. Mais c'est d'espérer qui
est difficile

> *à voix basse et honteusement.*

Et le facile et la pente est de désespérer et c'est la grande
tentation.

La petite espérance s'avance entre ses deux grandes sœurs
et on ne prend seulement pas garde à elle.
Sur le chemin du salut, sur le chemin charnel, sur le che-
min raboteux du salut, sur la route interminable, sur
la route entre ses deux sœurs la petite espérance
S'avance.

Entre ses deux grandes sœurs.
Celle qui est mariée.
Et celle qui est mère.
Et l'on n'a d'attention, le peuple chrétien n'a d'attention
    que pour les deux grandes sœurs.
La première et la dernière.
Qui vont au plus pressé.
Au temps présent.
A l'instant momentané qui passe.
Le peuple chrétien ne voit que les deux grandes sœurs,
    n'a de regard que pour les deux grandes sœurs.
Celle qui est à droite et celle qui est à gauche.
Et il ne voit quasiment pas celle qui est au milieu.
La petite, celle qui va encore à l'école.
Et qui marche.
Perdue dans les jupes de ses sœurs.
Et il croit volontiers que ce sont les deux grandes qui
    traînent la petite par la main.
Au milieu.
Entre elles deux.
Pour lui faire faire ce chemin raboteux du salut.
Les aveugles qui ne voient pas au contraire
Que c'est elle au milieu qui entraîne ses grandes sœurs.
Et que sans elle elles ne seraient rien.
Que deux femmes déjà âgées.
Deux femmes d'un certain âge.
Fripées par la vie.

C'est elle, cette petite, qui entraîne tout.
Car la Foi ne voit que ce qui est.
Et elle elle voit ce qui sera.
La Charité n'aime que ce qui est.
Et elle elle aime ce qui sera.

La Foi voit ce qui est.
Dans le Temps et dans l'Éternité.
L'Espérance voit ce qui sera.
Dans le temps et pour l'éternité.

Pour ainsi dire dans le futur de l'éternité même.

La Charité aime·ce qui est.
Dans le Temps et dans l'Éternité.
Dieu et le prochain.
Comme la Foi voit.
Dieu et la création.
Mais l'Espérance aime ce qui sera.
Dans le temps et pour l'éternité.

Pour ainsi dire dans le futur de l'éternité.

L'Espérance voit ce qui n'est pas encore et qui sera.
Elle aime ce qui n'est pas encore et qui sera.

Dans le futur du temps et de l'éternité.

Sur le *chemin montant, sablonneux, malaisé.*
Sur la route montante.
Traînée, pendue aux bras de ses deux grandes sœurs,
Qui la tiennent par la main,
La petite espérance.
S'avance.
Et au milieu entre ses deux grandes sœurs elle a l'air de
    se laisser traîner.
Comme une enfant qui n'aurait pas la force de marcher.
Et qu'on traînerait sur cette route malgré elle.
Et en réalité c'est elle qui fait marcher les deux autres.
Et qui les traîne,
Et qui fait marcher tout le monde.
Et qui le traîne.
Car on ne travaille jamais que pour les enfants.

Et les deux grandes ne marchent que pour la petite.

Mes trois vertus dit Dieu.
Maître des Trois Vertus.
Mes trois vertus ne sont point autrement que des hommes
    et des femmes dans une maison des hommes.
Ce ne sont point les enfants qui travaillent.
Mais on ne travaille jamais que pour les enfants.
Ce n'est point l'enfant qui va aux champs, qui laboure et

qui sème, et qui moissonne et qui vendange et qui
taille la vigne et qui abat les arbres et qui scie le bois.
Pour l'hiver.
Pour chauffer la maison l'hiver.
Mais est-ce que le père aurait du cœur à travailler s'il n'y
avait pas ses enfants.
Si ça n'était pas pour ses enfants.
Et l'hiver quand il travaille dur.
Dans la forêt.
Quand il travaille le plus dur.
De la serpe et de la scie et de la cognée et de la hache.
Dans la forêt glacée.
L'hiver quand les vipères dorment dans le bois parce
qu'elles sont gelées.
Et quand il souffle une bise aigre.
Qui lui transperce les os.
Qui lui passe au travers de tous les membres.
Et il est tout transi et il claquerait des dents.
Et le givre lui fait des glaçons dans sa barbe.
Tout d'un coup il pense à sa femme qui est restée à la
maison.
A sa femme qui est si bonne ménagère.
Dont il est l'homme devant Dieu.
Et à ses enfants qui sont bien tranquilles à la maison.
Qui jouent et qui s'amusent à c'te heure au coin du feu.
Et qui peut-être se battent.
Ensemble.
Pour s'amuser.
Ils passent devant ses yeux, dans un éclair devant les
yeux de sa mémoire, devant les yeux de son âme.
Ils habitent sa mémoire et son cœur et son âme et les
yeux de son âme.
Ils habitent son regard.
Dans un éclair il voit ses trois enfants qui jouent et qui
rient au coin du feu.
Ses trois enfants, deux garçons et une fille.
Dont il est le père devant Dieu.
Son aîné, son garçon qui a eu douze ans au mois de
septembre.
Sa fille qui a eu neuf ans au mois de septembre.
Et son cadet qui a eu sept ans au mois de juin[1].
Ainsi la fille est au milieu.
Comme il convient.

Afin qu'elle soit défendue par ses deux frères.
Dans l'existence.
Un avant et l'autre après.
Ses trois enfants qui lui succéderont et qui lui survivront.
Sur terre.
Qui auront sa maison et ses terres.
Et s'il n'a point de maison et de terres qui auront du moins ses outils.
(S'il n'a point de maison et de terres ils n'en auront point non plus.
Voilà tout.)
(Il s'en est bien passé pour vivre.
Ils feront comme lui. Ils travailleront.)
Sa hache et sa cognée et sa serpe et sa scie.
Et son marteau et sa lime.
Et sa pelle et sa pioche.
Et sa bêche pour bêcher la terre.
Et s'il n'a pas de maison et de terre.
S'ils n'héritent pas sa maison et sa terre.
Au moins ils hériteront ses outils.
Ses bons outils.
Qui lui ont servi tant de fois.
Qui sont faits à sa main.
Qui ont tant de fois bêché la même terre.
Ses outils, à force de s'en servir, lui ont rendu la main toute calleuse et luisante.
Mais lui, à force aussi de s'en servir, il a rendu poli et luisant le manche de ses outils.
Et à force de travailler il a la peau aussi dure et aussi tannée que le manche de ses outils.
Au manche de ses outils ses fils retrouveront, ses fils hériteront la dureté de ses mains.
Mais aussi leur habileté, leur grande habileté.
Car il est un bon laboureur et un bon bûcheron.
Et un bon vigneron.
Et avec ses outils ses fils hériteront, ses enfants hériteront.
Ce qu'il leur a donné, ce que nul ne pourrait leur ôter.
(Presque pas même Dieu.)
(Tant Dieu a donné à l'homme.)
La force de sa race, la force de son sang.
Car ils sont sortis de lui.
Et ils sont Français et Lorrains.

Fils de bonne race et de bonne maison.

Or bonne race ne peut mentir.

Fils de bonne mère.

Et par-dessus tout ce qui est par-dessus tout avec ses
   outils et avec sa race et avec son sang ses enfants
   hériteront.

Ce qui vaut mieux qu'une maison et un morceau de
   terre à laisser à ses enfants.

Car la maison et la terre sont périssables et périront.

Et la maison et la terre sont exposées au vent de l'hiver.

A cette bise aigre qui souffle dans cette forêt.

Mais la bénédiction de Dieu n'est soufflée par aucun
   vent.

Ce qui vaut mieux que les outils, ce qui est plus labo-
   rieux, plus ouvrier que les outils.

Ce qui fait plus de travail que les outils.

Et les outils finissent tout de même par s'user.

Comme l'homme.

Ce qui vaut mieux, ce qui est plus durable que la race
   et le sang.

Même.

Car la race même et le sang sont périssables et périront.

Excepté le sang de Jésus.

Qui sera versé dans les siècles des siècles.

Et la race même et le sang sont exposés au vent de
   l'hiver.

Et il peut y avoir un hiver des races.

Avec sa maison peut-être s'il en a une et sa terre.

Avec ses outils sûrement et sa race et son sang ses
   enfants hériteront.

Ce qui est au-dessus de tout.

La bénédiction de Dieu qui est sur sa maison et sur sa
   race.

La grâce de Dieu qui vaut plus que tout.

Il le sait bien.

Qui est sur le pauvre et sur celui qui travaille.

Et qui élève bien ses enfants.

Il le sait bien.

Parce qu'il l'a promis.

Et qu'il est souverainement fidèle dans ses promesses.

Ses trois enfants qui grandissent tellement.

Pourvu qu'ils ne soient pas malades.

Et qui seront certainement plus grands que lui.
(Comme il en est fier dans son cœur.)
Et ses deux gars seront rudement forts.
Ses deux gars le remplaceront, ses enfants tiendront sa
    place sur la terre.
Quand il n'y sera plus.
Sa place dans la paroisse et sa place dans la forêt.
Sa place dans l'église et sa place dans la maison.
Sa place dans le bourg et sa place dans la vigne.
Et sur la plaine et sur le coteau et dans la vallée.
Sa place dans la chrétienté. Enfin. Quoi.
Sa place d'homme et sa place de chrétien.
Sa place de paroissien, sa place de laboureur.
Sa place de paysan.
Sa place de père.
Sa place de Lorrain et de Français.
Car c'est des places, grand Dieu, qu'il faut qui soient
    tenues.
Et il faut que tout cela continue.
Quand il n'y sera plus comme à présent.
Sinon mieux.
Il faut que la paysannerie continue.
Et la vigne et le blé et la moisson et la vendange.
Et le labour de la terre.
Et le pâtour des bêtes.
Quand il n'y sera plus comme à présent.
Sinon mieux.
Il faut que la chrétienté continue.
L'Église militante.
Et pour cela il faut qu'il y ait des chrétiens.
Toujours.
Il faut que la paroisse continue.
Il faut que France et que Lorraine continuent.
Longtemps après qu'il ne sera plus.
Aussi bien comme à présent.
Sinon mieux.
Il pense avec tendresse à ce temps où il ne sera plus et
    où ses enfants tiendront sa place.
Sur terre.
Devant Dieu.
A ce temps où il ne sera plus et où ses enfants seront.
Et quand on dira son nom dans le bourg, quand on
    parlera de lui, quand on nom sortira, au hasard des

propos, ce ne sera plus de lui que l'on parlera mais de ses fils.

Ensemble ce sera de lui et ce ne sera pas de lui, puisque ce sera de ses fils.

Ce sera son nom et ce ne sera plus et ce ne sera pas son nom, puisque ce sera (devenu) le nom de ses fils.

Et il en est fier dans son cœur et comme il y pense avec tendresse.

Que lui-même ne sera plus lui-même mais ses fils.

Et que son nom ne sera plus son nom mais le nom de ses fils.

Que son nom ne sera plus à son service mais au service de ses fils.

Qui porteront le nom honnêtement devant Dieu.

Hautement et fièrement.

Comme lui.

Mieux que lui.

Et quand on dira son nom, c'est son fils qu'on appellera, c'est de son fils qu'on parlera.

Lui il sera depuis longtemps au cimetière.

Entour de l'église.

Lui, c'est-à-dire son corps.

Côte à côte avec ses pères et les pères de ses pères.

Aligné avec eux.

Avec son père et son grand-père qu'il a connus.

Et avec tous les autres tous ceux qu'il n'a pas connus.

Tous les hommes et toutes les femmes de sa race.

Tous les anciens hommes et toutes les anciennes femmes.

Ses ancêtres et ses aïeux.

Et ses aïeules.

Tant qu'il y en a eu depuis que la paroisse a été fondée.

Par quelque saint fondateur.

Venu de Jésus.

Son corps, car pour son âme il y a longtemps.

Qu'il l'a recommandée à Dieu.

La mettant sous la protection de ses saints patrons.

Il dormira, son corps ainsi reposera.

Parmi les siens, (attendant les siens).

Attendant la résurrection des corps.

Jusqu'à la résurrection des corps son corps ainsi reposera.

Il pense avec tendresse à ce temps où on n'aura pas
    besoin de lui.
Et où ça ira tout de même.
Parce qu'il y en aura d'autres.
Qui porteront la même charge.
Et qui peut-être, et qui sans doute la porteront mieux.

Il pense avec tendresse à ce temps où il ne sera plus.
Parce que n'est-ce pas on ne peut pas être toujours.
On ne peut pas être et avoir été.
Et où tout marchera tout de même.
Où tout n'en marchera pas plus mal.
Au contraire.
Où tout n'en marchera que mieux.
Au contraire.
Parce que ses enfants seront là, pour un coup.

Ses enfants feront mieux que lui, bien sûr.
Et le monde marchera mieux.
Plus tard.
Il n'en est pas jaloux.
Au contraire.
Ni d'être venu au monde, lui, dans un temps ingrat.
Et d'avoir préparé sans doute à ses fils peut-être un
    temps moins ingrat.
Quel insensé serait jaloux de ses fils et des fils de ses fils.

Est-ce qu'il ne travaille pas uniquement pour ses enfants.

Il pense avec tendresse au temps où on ne pensera plus
    guère à lui qu'à cause de ses enfants.
(Si seulement on y pense quelquefois. Rarement.)
Quand son nom retentira (cordialement) dans le bourg,
C'est que quelqu'un appellera son fils Marcel ou son fils
    Pierre.
C'est que quelqu'un aura besoin de son fils Marcel ou de
    son fils Pierre.
Et les appellera, heureux de les voir. Et les cherchera.
Car c'est eux qui régneront alors et qui porteront le nom.
C'est eux qui régneront avec les hommes de leur âge et
    de leur temps.
C'est eux qui régneront sur la face de la terre.

Peut-être quelque temps encore un vieux qui se rappellera
Dira.
Les deux gars Sévin c'est des braves gars.
Ca n'est pas étonnant.
Ils ont de qui tenir.
Le père était un si brave homme.
Et quelque temps les jeunes rediront de confiance :
Le vieux était un si brave homme.
Mais déjà ils n'en sauront rien.
Puis ils ne sauront plus et cela même, ce propos même
    se taira.
Il pense avec tendresse au temps où il ne sera plus même
    un propos.
C'est à cela, c'est pour cela qu'il travaille, car n'est-ce
    pas pour ses enfants que l'on travaille.

Il ne sera plus qu'un corps dans six pieds de terre sous six
    pieds de terre sous une croix.
Mais ses enfants seront.
Il salue avec tendresse le temps nouveau où il ne sera
    plus.
Où il ne sera pas.
Où ses enfants seront.
Le règne de ses enfants.

Il pense avec tendresse à ce temps qui ne sera plus son
    temps.
Mais le temps de ses enfants.
Le règne (de temps) de ses enfants sur la terre.
Dans ce temps-là quand on dira *les Sévin* ce ne sera pas lui
    mais eux.
Sans plus, sans explication.

Ses enfants porteront ce nom des Sévin.
    Ou ce nom des Chénin, ou ce nom des Jouffin, ou
    Damrémont ou tout autre nom de Lorraine.
Tout autre nom chrétien, français, lorrain.

A la pensée de ses enfants qui seront devenus hommes et
    femmes.
A la pensée du temps de ses enfants, du règne de ses
    enfants.
Sur la terre,

A leur tour,
Une tendresse, une chaleur, une fierté lui monte.
(Mon Dieu ne serait-ce pas un orgueil.
Mais Dieu lui pardonnera.)
Comme ses fils dans la forêt seront vaillants, juste Dieu.
Et des gars solides comme des chênes.
Dans la forêt quand soufflera la bise d'hiver.
La bise aigre.
Qui leur traversera les os.
Et fera des glaçons dans leur barbe.

Il rit en pensant à la tête qu'ils feront.
Il rit en lui-même et peut-être même en dessus.
En dehors.

Quand il pense à la tête qu'ils feront quand ils auront de
la barbe.

Et il pense avec tendresse à sa fille qui sera une si bonne
    ménagère.
Parce que sûrement elle sera comme sa mère.
Il ne sera plus, lui c'est entendu il ne sera plus.
Il aura perdu le goût du pain.
Mais il y en aura d'autres, Dieu juste il y en aura d'autres,
Il faut l'espérer,
Qui ont déjà le goût du pain et qui sauront mordre dans
    une bonne miche de pain.
Qui mangeront de bon appétit.
Leur pain de chaque jour.
Qui mangeront de bon appétit leur pain de chaque jour
    et leur pain éternel.
(On se passera très bien de lui, et il ne sera plus à (la)
    table, car il faut se pousser à table quand les nouveaux
    venus viennent et poussent.)
D'autres ses enfants qui vivront et qui mourront après
    lui si tout se passe dans l'ordre.
Et qu'il retrouvera en paradis.

Il y en aura d'autres, Dieu merci :
Il faut que France continue.
Ni France ne chômera, ni chrétienté ni Lorraine.
Et la paroisse ne chômera pas.
Ni ne chômera point la vigne ni le blé.

C'est l'ordre que le père meure avant les enfants.

Il pense à eux, par une grâce de Dieu, aussitôt le sang lui refoule au cœur.

Et le réchauffe tellement.

Et lui reflue dans tous les membres jusqu'au bout des doigts.

Tellement que s'il avait bu un bon verre de vin de Meuse.

Des coteaux au-dessus de Cepoy.

Et cette onglée qu'il avait aux doigts, (et il avait beau souffler dans ses doigts).

Disparaît comme par enchantement.

Et il n'a plus qu'un tremblement de chaleur au bout des doigts.

Et la bise aigre.

Qui souffle toujours.

Parce qu'elle n'a pas d'enfants.

Parce qu'elle est une créature inanimée.

Et elle ne connaît pas toutes ces histoires-là.

La bise aigre dans la forêt.

Vient à présent lui glacer deux grosses larmes qui descendent bêtement sur ses joues.

Dans les sillons creusés de ses deux joues et qui viennent se perdre dans les broussailles de sa barbe.

Comme deux glaçons.

Alors lui, riant et honteux.

Riant en dedans et honteux en dedans et en dessus.

Et riant même tout haut.

Car il est doux et il est honteux de pleurer.

Pour un homme.

Alors le pauvre homme il veut faire le malin.

Celui qui n'a pas pleuré.

On veut toujours faire le malin.

Il regarde autour de lui sans avoir l'air de regarder si on ne le regarde pas.

Si on ne l'a pas vu.

Des fois.

Riant en lui-même et dans sa barbe à la dérobée.

Il se dépêche d'essuyer ces deux larmes sur sa joue.

Et de les effacer.

Il boit et lèche de la langue sur ses lèvres.

Au coin de ses lèvres l'eau salée de ses larmes.

Qui lui passe à travers la barbe.

Et aussi de sa main maladroitement.

Gauchement.

Obliquement.

De biais, en descendant.

Du revers de la souche du pouce il se dépêche d'effacer
ses larmes et la trace de ses larmes.

Pour qu'on ne s'aperçoive pas.

Pour qu'on ne voye pas qu'il a pleuré.

Et qu'on n'aille pas se moquer de lui dans le bourg.

Parce qu'il ne faut pas qu'un homme pleure.

Et sa femme qui aujourd'hui est restée à la maison.

Mais qui d'autres fois d'habitude va aussi aux champs.

Qui est si bonne femme de ménage.

Et si bonne chrétienne.

Est-ce qu'elle aurait autant de courage à l'ouvrage.

Et à faire son ménage.

Si elle ne travaillait pas pour ses enfants.

Ainsi, non autrement tout le monde travaille pour la
petite espérance.

Tout ce que l'on fait on le fait pour les enfants.

Et ce sont les enfants qui font tout faire.

Tout ce que l'on fait.

Comme si ils nous prenaient par la main.

Ainsi tout ce que l'on fait, tout ce que tout le monde
fait on le fait pour la petite espérance.

Tout ce qu'il y a de petit est tout ce qu'il y a de plus
beau et de plus grand.

Tout ce qu'il y a de neuf est tout ce qu'il y a de plus
beau et de plus grand.

Et le baptême est le sacrement des petits.

Et le baptême est le sacrement le plus neuf.

Et le baptême est le sacrement qui commence.

Tout ce qui commence a une vertu qui ne se retrouve
jamais plus.

Une force, une nouveauté, une fraîcheur comme l'aube.

Une jeunesse, une ardeur.

Un élan.

Une naïveté.

Une naissance qui ne se trouve jamais plus.

Le premier jour est le plus beau jour.
Le premier jour est peut-être le seul beau jour.
Et le baptême est le sacrement du premier jour.
Et le baptême est tout ce qu'il y a de beau et de grand.
S'il n'y avait pas le sacrifice.
Et la consommation du corps de Notre-Seigneur.

Il y a dans ce qui commence une source, une race qui
    ne revient pas.
Un départ, une enfance que l'on ne retrouve, qui ne se
    retrouve jamais plus.
Or la petite espérance
Est celle qui toujours commence.

Cette naissance
Perpétuelle.
Cette enfance
Perpétuelle. Qu'est-ce que l'on ferait, qu'est-ce que l'on
    serait, mon Dieu, sans les enfants. Qu'est-ce que l'on
    deviendrait.
Et ses deux grandes sœurs savent bien que sans elle elles
    ne seraient que des servantes d'un jour.
Des vieilles filles dans une chaumière.
Dans une cabane délabrée qui se démolit tous les jours
    davantage.
Qui s'use à mesure.
Des vieilles femmes qui vieillissent toutes seules et qui
    s'ennuient dans une masure.
Des femmes sans enfants.
Une race· qui s'éteint.

Mais par elle au contraire elles savent bien qu'elles sont
    deux femmes généreuses.
Deux femmes d'avenir.
Deux femmes qui ont quelque chose à faire dans l'exis-
    tence.
Et que par cette petite fille qu'elles élèvent elles tiennent
    tout le temps et l'éternité même dans le creux de leurs
    mains.

Ainsi ce sont les enfants qui ne font rien.
Ah les gaillards ils font semblant de ne rien faire,
Les mâtins,
Ils savent bien ce qu'ils font,
Les innocents.
Aux innocents les mains pleines.
C'est le cas de le dire.
Ils savent bien qu'ils font tout; et plus que tout;
Avec leur air innocent;
Avec leur air de ne rien savoir;
De ne pas savoir;
Puisque c'est pour eux que l'on travaille.
En réalité.
Puisque on ne travaille que pour eux.
Et que rien ne se fait que pour eux.

Et que tout ce qui se fait dans le monde ne se fait que
    pour eux.
De là leur vient cet air assuré qu'ils ont.
Si agréable à voir.
Ce regard franc, ce regard insoutenable à voir et qui
    soutient tous les regards.
Si doux, si agréable à regarder.
Ce regard insoutenable à soutenir.
Ce regard franc, ce regard droit qu'ils ont, ce regard
    doux, qui vient tout droit de paradis.
Si doux à voir, et à recevoir, ce regard de paradis.
De là leur vient ce front qu'ils ont.
Ce front assuré.
Ce front droit, ce front bombé, ce front carré, ce front
    levé.
Cette assurance qu'ils ont.
Et qui est l'assurance même.
De l'espérance.

Leur front bombé, tout lavé encore et tout propre du
    baptême.
Des eaux du baptême.

Et cette parole qu'ils ont, cette voix si douce, et ensemble
    si assurée.

Si douce à entendre, si jeune.
Cette voix de paradis.
Car elle a une promesse, une secrète assurance intérieure.
Comme leur jeune regard a une promesse, une secrète
assurance intérieure, et leur front, et toute leur per-
sonne.
Leur petite, leur auguste, leur si révérente et révérende
personne....

Heureux enfants; heureux père.
Heureuse espérance.
Heureuse enfance. Tout leur petit corps, toute leur
petite personne, tous leurs petits gestes, est pleine,
ruisselle, regorge d'une espérance.
Resplendit, regorge d'une innocence.
Qui est l'innocence même de l'espérance.

Assurance, innocence unique.
Assurance, innocence inimitable.
Ignorance de l'enfant, innocence près de qui la sainteté
même, la pureté du saint n'est qu'ordure et décré-
pitude.
Assurance, ignorance, innocence du cœur.
Jeunesse du cœur.
Espérance; enfance du cœur.
Doux enfants, enfants inimitables, enfants frères de
Jésus.
Jeunes enfants.
Enfants près de qui les plus grands saints ne sont que
vieillesse et décrépitude.

Enfants c'est pour cela que vous êtes les maîtres et que
vous commandez dans les maisons.
Nous savons bien pourquoi.
Un regard, un mot de vous fait plier les plus dures
têtes.
Vous êtes les maîtres et nous le savons bien.
Nous savons bien pourquoi.
Vous êtes tous des enfants Jésus.

Et quel homme, quel fou, quel blasphémateur oserait se
dire un homme Jésus.
Quel saint, le plus grand saint, oserait même y penser.

Et vous aussi vous savez bien que vous êtes les maîtres
dans les maisons.
Votre voix le dit, votre regard le dit, et vos boucles de
cheveux, et votre tête mutine.
Et quand vous demandez quelque chose, vous le deman-
dez comme un qui rit parce qu'il est bien sûr de l'avoir.

Vous savez bien que vous l'aurez.

De l'imitation de Jésus. Vous enfants vous imitez Jésus.
Vous ne l'imitez pas. Vous *êtes* des enfants Jésus.
Sans vous en apercevoir, sans le savoir, sans le voir.
Et vous le savez bien.
Et l'homme, quel homme, le plus grand saint, quel saint
ne sait qu'il est infiniment loin de Jésus.
Dans son imitation.

Perte irréparable, descente, chute, inévitable déperdition
de la vie.
Et qui est l'existence et la vie et le vieillissement même.
A nos enfances nous joignons Jésus.
Et grandissants nous en sommes disjoints, nous nous
en disjoignons pour toute la vie.

Enfants votre ignorance, votre assurance, votre inno-
cence est l'ignorance même et la même innocence de
Jésus, de l'enfant Jésus.
Et sa timide assurance.
Vous êtes des espérances comme l'enfant Jésus était une
espérance.
Réellement vous êtes des enfants Jésus.

C'est pour cela, enfants, que nous sommes si heureux,
que vous êtes les maîtres et que vous commandez dans
les maisons.

C'est le commandement même de l'espérance.
Votre règne est le règne propre de l'espérance.

Car nous autres hommes qu'est-ce que nous sommes.
Dans notre pauvre imitation.

Et votre commandement c'est le commandement même
de Jésus.

Singulier sort, singulière destinée, destination de l'homme.
Quand nous sommes enfants, nous sommes des enfants
Jésus, nous joignons Jésus enfant.
Et quand nous sommes hommes, disjoints qu'est-ce que
nous sommes.

Beaux enfants, votre regard est le regard même de Jésus.
Votre regard bleu.
De Jésus enfant.
Votre beau regard.
Votre front est le front même de Jésus.
Votre voix est la voix même de Jésus.

Et nous qu'est-ce que nous sommes.
Avec notre regard voilé.
Notre front voilé.
Notre voix voilée.
Et au coin des lèvres le pli des amertumes.
Et au mieux aller le pli même de la contrition.
Nous ne sommes jamais que des innocences recouvrées.
Et eux ils sont l'innocence première.

Nous qu'est-ce que nous devenons.
Qu'est-ce que nous sommes devenus.
Qu'est-ce que nous savons.
Qu'est-ce que nous pouvons.
Qu'est-ce que nous faisons.
Qu'est-ce que nous avons.
Nous n'avons jamais que des innocences réparées.
Et eux ils ont l'innocence première.
Et en supposant le mieux, en allant au mieux, en mettant

tout pour le mieux nous ne serions jamais que des innocences conservées.

Mais eux ils sont l'innocence première.

Et autant le fruit mûr, juste mûr, pris à l'arbre, l'emporte sur le fruit conservé.

Frais vaut mieux que le fruit conservé.

Autant l'innocence de l'enfant l'emporte sur l'innocence de l'homme.

Vaut mieux que ce que l'homme n'ose plus même nommer son innocence.

Il pense à ses trois enfants qui en ce moment-ci même jouent au coin du feu.

Jouent-ils, travaillent-ils, on n'en sait rien.

Avec les enfants.

Travaillent-ils avec leur mère.

On n'en sait jamais rien.

Les enfants ne sont pas comme les hommes.

Pour les enfants jouer, travailler, se reposer, s'arrêter, courir, c'est tout un.

Ensemble.

C'est le même. Ils ne font pas seulement la différence.

Ils sont heureux.

Ils s'amusent tout le temps. Autant quand ils travaillent, autant quand ils s'amusent.

Ils ne s'en aperçoivent même pas.

Ils sont bien heureux.

Aussi leur commandement est le commandement même de Jésus.

De Jésus enfant.

L'espérance aussi est celle qui s'amuse tout le temps.

Il pense à ses trois enfants qui jouent à c't'heure au coin du feu.

Pourvu seulement qu'ils soient heureux.

N'est-ce pas tout ce qu'un père demande.

On vit pour eux, on demande seulement que ses enfants soient heureux.

Il pense à ses enfants qu'il a mis particulièrement sous la protection de la Sainte Vierge.

Un jour qu'ils étaient malades.
Et qu'il avait eu grand peur.
Il pense encore en frémissant à ce jour-là.
Qu'il avait eu si peur.
Pour eux et pour lui.
Parce qu'ils étaient malades.
Il en avait tremblé dans sa peau.
A l'idée seulement qu'ils étaient malades.
Il avait bien compris qu'il ne pouvait pas vivre comme cela.
Avec des enfants malades.
Et sa femme qui avait tellement peur.
Si affreusement.
Qu'elle avait le regard fixe en dedans et le front barré
    et qu'elle ne disait plus un mot.
Comme une bête qui a mal.
Qui se tait.
Car elle avait le cœur serré.
La gorge étranglée comme une femme qu'on étrangle.
Le cœur dans un étau.
La gorge dans des doigts; dans les mâchoires d'un étau.
Sa femme qui serrait les dents, qui serrait les lèvres.
Et qui parlait rarement et d'une autre voix.
D'une voix qui n'était pas la sienne.
Tant elle avait affreusement peur.
Et ne voulait pas le dire.
Mais lui, par Dieu, c'était un homme. Il n'avait pas peur
    de parler.
Il avait parfaitement compris que ça ne pouvait pas se
    passer comme ça.
Ça ne pouvait pas durer.
Comme ça.
Il ne pouvait pas vivre avec des enfants malades.
Alors il avait fait un coup (un coup d'audace), il en
    riait encore quand il y pensait.
Il s'en admirait même un peu. Et il y avait bien un peu
    de quoi. Et il en frémissait encore.
Il faut dire qu'il avait été joliment hardi et que c'était
    un coup hardi.
Et pourtant tous les chrétiens peuvent en faire autant.
On se demande même pourquoi ils ne le font pas.
Comme on prend trois enfants par terre et comme on les
    met tous les trois.
Ensemble. A la fois.

Par amusement. Par manière de jeu.

Dans les bras de leur mère et de leur nourrice qui rit.

Et se récrie.

Parce qu'on lui en met trop.

Et qu'elle n'aura pas la force de les porter.

Lui, hardi comme un homme.

Il avait pris, par la prière il avait pris.

(Il faut que France, il faut que chrétienté continue.)

Ses trois enfants dans la maladie, dans la misère où ils
  gisaient.

Et tranquillement il vous les avait mis.

Par la prière il vous les avait mis.

Tout tranquillement dans les bras de celle qui est chargée
  de toutes les douleurs du monde.

Et qui a déjà les bras si chargés.

Car le Fils a pris tous les péchés.

Mais la Mère a pris toutes les douleurs.

Il avait dit, par la prière il avait dit : *Je n'en peux plus.*
Je n'y comprends plus rien. J'en ai par-dessus la tête.
Je ne veux plus rien savoir.
Ça ne me regarde pas.
(Il faut que France, il faut que chrétienté continue.)
Prenez-les. Je vous les donne. Faites-en ce que vous voudrez.
J'en ai assez.
Celle qui a été la mère de Jésus-Christ peut bien aussi être la
  mère de ces deux petits garçons et de cette petite fille.
Qui sont les frères de Jésus-Christ.
Et pour qui Jésus-Christ est venu au monde.
Qu'est-ce que ça vous fait. Vous en avez tellement d'autres.
Qu'est-ce que ça vous fait, un de plus un de moins.
Vous avez eu le petit Jésus. Vous en avez eu tant d'autres.
(Il voulait dire dans les siècles des siècles, tous les
  enfants des hommes, tous les frères de Jésus, les
  petits frères, et elle en aura tellement dans les siècles
  des siècles.)
Il faut que les hommes en aient un aplomb, de parler
  ainsi.
A la Sainte Vierge.
Les larmes au bord des paupières, les mots au bord
  des lèvres il parlait ainsi, par la prière il parlait ainsi.
En dedans.

Il était dans une grande colère, Dieu lui pardonne, il
en frémit encore (mais il est rudement heureux d'avoir
pensé à ça).

(Le sot, comme si c'était lui qui y avait pensé, le pauvre
homme.)

Il parlait dans une grande colère (que Dieu le garde)
et dans cette grande violence et, en dedans, en dedans
de cette grande colère et de cette grande violence avec
une grande dévotion.

Vous les voyez, disait-il, *je vous les donne. Et je m'en retourne
et je me sauve pour que vous ne me les rendiez pas.*

Je n'en veux plus. Vous le voyez bien.

Comme il s'applaudissait d'avoir eu le courage de faire
ce coup-là.

Tout le monde n'aurait pas osé.

Il était heureux, il s'en félicitait en riant et en tremblant.

(Il n'en avait pas parlé à sa femme.

Il n'avait pas osé. Les femmes sont peut-être jalouses.

Il vaut mieux ne pas se faire d'affaires dans son mé-
nage.

Et avoir la paix.

Il avait arrangé ça tout seul.

C'est plus sûr. Et on est plus tranquille.)

Depuis ce temps-là tout marchait bien.

Naturellement.

Comment voulez-vous que ça marche autrement.

Que bien.

Puisque c'était la Sainte Vierge qui s'en mêlait.

Qui s'en était chargée.

Elle sait mieux que nous.

Et Elle, qui les avait pris, pourtant elle en avait avant
ces trois-là.

(Il avait fait un coup unique.

Pourquoi tous les chrétiens ne le font-ils pas ?)

Il avait été rudement hardi.

Mais qui ne risque rien, n'a rien.

Il n'y a que les plus honteux qui perdent.

Il est même curieux que tous les chrétiens n'en fassent
pas autant.

C'est si simple.

On ne pense jamais à ce qui est simple.

On cherche, on cherche, on se donne un mal, on ne
  pense jamais à ce qui est le plus simple.
Enfin on est bête, vaut mieux le dire tout de suite.

Et Elle, qui les avait pris, pourtant elle n'en manquait
  pas.
Elle en avait avant ces trois-là, elle en aurait, elle en
  avait après.
Elle en avait eu, elle en aurait dans les siècles des siècles.

Et Elle, qui les avait pris, il savait bien qu'elle les pren-
  drait.
Elle n'aurait pas le cœur de les laisser orphelins.
(Comme il avait été lâche, tout de même.)
Elle ne pouvait pas les laisser au coin d'une borne.
(C'est bien là-dessus qu'il comptait,
le gueux.)
Elle était bien forcée de les prendre,
Elle qui les avait pris.
Il s'en félicitait encore.

Et pourtant on est si fier d'avoir des enfants.
(Mais les hommes ne sont pas jaloux.)
Et de les voir manger et de les voir grandir.
Et le soir de les voir dormir comme des anges.
Et de les embrasser le matin et le soir, et à midi.
Juste au milieu des cheveux.
Quand ils baissent innocemment la tête comme un pou-
  lain qui baisse la tête.
Aussi souples comme un poulain, se jouant comme un
  poulain.
Aussi souples du cou et de la nuque. Et de tout le corps
  et du dos.
Comme une tige bien souple et bien montante d'une
  plante vigoureuse.
D'une jeune plante.
Comme la tige même de la montante espérance.
Ils courbent le dos en riant comme un jeune, comme
  un beau poulain, et le cou, et la nuque, et toute la
  tête.

Pour présenter au père, au baiser du père juste le milieu
de la tête.

Le milieu des cheveux, la naissance, l'origine, le point
d'origine des cheveux.

Ce point, juste au milieu de la tête, ce centre d'où tous
les cheveux partent en tournant, en rond, en spirale.

Ça les amuse ainsi.

(Ils s'amusent tout le temps.)

Ils s'en font un jeu. Ils se font un jeu de tout.

Ils chantonnent, ils chantent des chansons dont on n'a
seulement pas idée et qu'ils inventent à mesure, ils
chantent tout le temps.

Et du même mouvement ils reviennent en arrière sans
s'être presque arrêtés.

Comme une jeune tige qui se balance au vent et qui
revient de son mouvement naturel.

Pour eux le baiser du père c'est un jeu, un amusement,
une cérémonie.

Un accueil.

Une chose qui va de soi, très bonne, sans importance.

Une naïveté.

A laquelle ils ne font seulement pas attention.

Autant dire.

C'est tellement l'habitude.

Ça leur est tellement dû.

Ils ont le cœur pur.

Ils reçoivent ça comme un morceau de pain.

Ils jouent, ils s'amusent de ça comme d'un morceau de
pain.

Le baiser du père. C'est le pain de chaque jour. S'ils soup-
çonnaient ce que c'est pour le père.

Les malheureux. Mais ça ne les regarde pas.

Ils ont bien le temps de le savoir plus tard.

Ils trouvent seulement, quand leurs yeux rencontrent le
regard du père.

Qu'il n'a pas l'air de s'amuser assez.

Dans la vie.

Et les enfants quand ils pleurent.

C'est infiniment plus mieux que quand nous rions.

Car ils pleurent en espérance.

Et nous ne rions qu'en foi et en charité.

Il a donc mis ses enfants en lieu sûr et il est content et il
    rit en lui-même et il rit même tout haut et il se frotte
    les mains.
Du bon tour qu'il a joué.
Je veux dire de la grande invention qu'il a eue. Qu'il a
    faite.
(C'est qu'aussi il ne pouvait plus durer.)
Il a remis ses enfants, reposé entre les bras de la Sainte
    Vierge.
Et il s'en est allé les bras ballants.

Il s'en est allé les mains vides.
Lui qui les avait remis.
Comme un homme qui portait un panier.
Et qui n'en pouvait plus et qui avait mal aux épaules.
Et qui a posé son panier par terre.
Ou qui l'a remis à une personne.

C'est le contraire d'un homme qui a loué ses enfants dans
    une ferme.
Car celui qui a loué ses enfants dans une ferme.
Il reste le propriétaire de ses enfants.
Et c'est le fermier qui en devient le locataire. Le fermier.
Lui au contraire il ne veut plus être que le locataire de
    ses enfants.
Il n'en a plus que l'usufruit.
Et c'est le bon Dieu qui en a la nue (et la pleine) pro-
    priété.
Mais c'est un bon propriétaire que le bon Dieu.

Admire comme cet homme est sage.
Cet homme qui ne veut plus être que le fermier de ses
    enfants.
Cet homme qui s'en va, qui s'en retourne les mains vides.
Car Dieu n'est point jaloux, ni la Sainte Vierge.
Ils lui laisseront tranquillement toute la jouissance de ses
    enfants.
C'est agréable d'avoir Dieu comme propriétaire.

Il est malin cet homme-là, il a remis ses enfants aux bras
   de la Sainte Vierge, aux mains de Dieu.
De Dieu leur créateur.
Et leur propriétaire.
Toute la création n'est-elle pas aux mains de Dieu.
Toute la création n'est-elle pas la propriété de Dieu.

Les enfants quand ils pleurent sont plus heureux que
   nous quand nous rions.
Et quand ils sont malades ils sont plus malheureux que
   tout au monde.
Et plus touchants.
Parce que nous sentons et qu'ils sentent bien que c'est déjà
Une diminution de leur enfance.
Et la première marque de leur vieillissement.
Vers la mort.
Temporelle.

Et elle, qui les avait pris, elle était
Si touchante et si belle. (Pendant que lui il s'en allait
   d'un cœur léger.)

Et elle, qui les avait pris, elle était
Si touchante et si pure.
Non seulement toute en foi et en charité.
Mais toute en espérance même.
Pure et jeune comme l'espérance. (Pendant que lui il s'en
   allait les bras ballants.)

Et elle, qui les avait pris, elle était
Dans sa jeunesse tendre. (Pendant que lui il s'en allait les
   deux mains vides.)

Et elle, qui les avait pris, elle était
Dans son éternelle jeunesse.

Il y a des jours dans l'existence où on sent qu'on ne peut
   plus se contenter des saints patrons.

Soit dit sans offenser personne.
(Et elle, qui les avait pris, elle était
Si chargée de famille.)
On sent que les saints patrons ne suffisent plus.
(Soit dit sans les offenser.)
Il y a un grand danger et il faut monter plus haut.
Il vaut mieux avoir affaire au bon Dieu qu'à ses saints.
(Et elle, qui les avait pris, elle était
Si touchante et si pure.
Mater Dei, mère de Dieu,
Mère de Jésus et de tous les hommes ses frères.
Les frères de Jésus.)
Il faut monter directement jusqu'au bon Dieu et à la
    sainte Vierge.
(Et elle, qui les avait pris, elle avait
Tant d'enfants sur les bras.
Tous les enfants des hommes.
Depuis ce petit premier qu'elle avait porté dans ses bras.
Ce petit homme qui riait comme un bijou.
Et qui depuis lui avait causé tant de tourment.
Parce qu'il était mort pour le salut du monde.)
Et elle, qui les avait pris, elle était
Si ardente et si pure. Il y a des jours où on sent bien que
    l'on ne peut plus se contenter des saints ordinaires.
Que les saints ordinaires ne suffisent plus. Et elle, qui les
    avait pris, elle était
Si jeune et si puissante.
Si puissante auprès de Dieu.
Si puissante auprès du Tout-Puissant.

Et elle, qui les avait pris, elle était
Si chargée de douleurs.
Et elle en avait tant vu depuis ce petit bonhomme.
Qui riait en tétant.
Car il y a longtemps qu'elle n'est plus la mère des Sept
    Douleurs.
Les sept douleurs c'était pour commencer.
Et il y a longtemps qu'elle est et que nous l'avons faite
La mère des septante et des septante fois septante dou-
    leurs.

Pendant que lui, qui les avait remis, il s'en allait la tête
   libre et les yeux clairs.
Comme un homme qui a fait un bon marché.
Insoucieux, les sourcils défroncés, le front desserré.
Le front débandé.
Comme un homme qui vient d'échapper à un grand
   danger.
Et vraiment il venait d'échapper au plus grand de tous
   les dangers.
Et elle, qui les avait pris, elle était
Si éternellement soucieuse.
Et elle les avait pris en tutelle et en charge.
(Après tant d'autres, avec tant d'autres.)
Et en commende pour l'éternité.

Et ainsi elle qui n'est point seulement
Toute foi et toute charité.
Mais aussi qui est toute espérance.
Et cela est sept fois plus difficile.
Comme c'est aussi sept fois plus gracieux.
Ainsi elle a pris en charge et en tutelle.
Et en commende pour l'éternité
La jeune vertu Espérance.

Il faut dire la vérité. C'est pourtant un bien grand saint
   que saint Marcel.
Et un bien grand patron.
(Bien qu'on ne sache pas au juste ce qu'il a fait. Mais il ne
   faut pas le dire.
Et il y en a peut-être même eu plusieurs.
Mais enfin il a été un grand saint, mettons même un saint,
   c'est déjà beaucoup.)
Mais il y a des jours où il faut aller plus haut.

Il ne faut pas avoir peur de dire la vérité. C'est pourtant
   une bien grande sainte que sainte Germaine.
Et une bien grande patronne. Et qui doit être bien puis-
   sante.
(Bien qu'on ne sache pas au juste ce qu'elle a fait. Mais
   il ne faut pas le dire.)

Mais qu'est-ce que ça fait, elle a fait au moins qu'elle a
été une sainte et une grande sainte. Et c'est déjà
beaucoup.

C'est déjà tout.

Être seulement une sainte, c'est déjà tout.

Et il y a son compère saint Germain, qui peut servir, né
à Auxerre, évêque d'Auxerre, qui aura cette gloire
éternelle.

D'avoir consacré à Dieu notre grande sainte et notre
grande patronne *et notre grande amie.*

Sainte Geneviève

qui était une simple bergère.

Saint Germain, dit *l'Auxerrois,* né à Auxerre, évêque
d'Auxerre,

Évêque et saint du temps des armées barbares,

Et du refoulement des armées barbares,

Évêque et saint de France,

Et qui peut servir de patron.

D'un très grand patron.

Et cette sainte Geneviève, née à Nanterre.

Parisienne, patronne de Paris.

Patronne et sainte de France voilà de grands patrons et
de grands saints.

Saint Marcel, saint Germain, sainte Geneviève.

Pourtant il y a des jours où les plus grandes amitiés ne
suffisent pas.

Ni Marcel ni Geneviève,

Geneviève notre grande amie.

Ni les plus grands patronages ni les plus grandes sain-
tetés.

Il y a des jours où les patrons et les saints ne suffisent
pas.

Les plus grands patrons et les plus grands saints.

Les patrons ordinaires, les saints ordinaires.

Et où il faut monter, monter encore, monter toujours;
toujours plus haut, aller encore.

Jusqu'à la dernière sainteté, la dernière pureté, la der-
nière beauté, le patronage dernier.

Il faut avoir le courage de dire la vérité. Saint Pierre est
  un grand saint et un grand patron entre tous les
  patrons.
(On sait très bien ce qu'il a fait, celui-là, mais il vaut
  peut-être mieux ne pas trop en parler.)
Mais c'est bien certes un très grand patron.
Car il fut la pierre de l'angle.
Et les Portes de l'Enfer ne prévaudront point contre elle.
Tu es Petrus, et super hanc petram.
Et éternellement il est Pierre et sur cette pierre.
Et pour celui qui veut entrer au Paradis c'est bien le plus
  grand patron que l'on puisse inventer.
Car il est à la porte et il a la porte et il est le portier et il
  a les clefs.
Il est le Portier éternel et le Porte-clefs éternel.
Il porte à la ceinture le gros trousseau de clefs.
Et pourtant je te jure que ce n'est pas un gardien de
  prison.
Car il est le gardien de l'éternelle Liberté.
Et dans une prison, d'une prison les prisonniers vou-
  draient bien se sauver.
Mais au paradis au contraire ceux qui sont dans le paradis
  ne sont pas près de s'en aller.
Il n'y a pas de danger qu'ils demandent à s'en aller.
Il faudrait les payer cher pour qu'ils s'en aillent.
Ils ne voudraient pas donner leur place à d'autres.

Par conséquent on ne pourrait pas trouver un meilleur
  patron que saint Pierre.

Mais il vient un jour, il vient une heure.
Il vient un moment où saint Marcel et sainte Germaine.
Et saint Germain lui-même et notre grande amie cette
  grande sainte Geneviève.
Et ce grand saint Pierre lui-même ne suffit plus.
Et où il faut résolument faire ce qu'il faut faire.

Alors il faut prendre son courage à deux mains.
Et s'adresser directement à celle qui est au-dessus de
  tout.

Être hardi. Une fois. S'adresser hardiment à celle qui est
     infiniment belle.
Parce qu'aussi elle est infiniment bonne.

A celle qui intercède.
La seule qui puisse parler avec l'autorité d'une mère.

S'adresser hardiment à celle qui est infiniment pure.
Parce qu'aussi elle est infiniment douce.

A celle qui est infiniment noble.
Parce qu'aussi elle est infiniment courtoise.
Infiniment accueillante.
Accueillante comme le prêtre qui au seuil de l'église va
     au-devant du nouveau-né jusqu'au seuil.
Au jour de son baptême.
Pour l'introduire dans la maison de Dieu.

A celle qui est infiniment riche.
Parce qu'aussi elle est infiniment pauvre.

A celle qui est infiniment haute.
Parce qu'aussi elle est infiniment descendante.

A celle qui est infiniment grande.
Parce qu'aussi elle est infiniment petite.
Infiniment humble.
Une jeune mère.

A celle qui est infiniment jeune.
Parce qu'aussi elle est infiniment mère.

A celle qui est infiniment droite.
Parce qu'aussi elle est infiniment penchée.

A celle qui est infiniment joyeuse.
Parce qu'aussi elle est infiniment douloureuse.

Septante et sept fois septante fois douloureuse.
A celle qui est infiniment touchante.
Parce qu'aussi elle est infiniment touchée.

A celle qui est toute Grandeur et toute Foi.
Parce qu'aussi elle est toute Charité.

A celle qui est toute Foi et toute Charité.
Parce qu'aussi elle est toute **Espérance.**

Heureusement que les saints ne sont point jaloux les uns
des autres.
Il ne faudrait plus que ça.
Ça serait un peu fort.
Et ensemble heureusement qu'ils ne sont point jaloux
de la Sainte Vierge.
C'est même ce que l'on nomme la communion des saints.
Ils savent bien quelle elle est et qu'autant l'enfant
l'emporte sur l'homme en pureté.
Autant et septante fois autant elle l'emporte sur eux en
pureté.

Autant l'enfant l'emporte sur l'homme en jeunesse.
Autant et septante fois autant elle l'emporte sur les
saints (sur les plus grands saints mêmes), en jeunesse
et en enfance.

Autant l'enfant l'emporte sur l'homme en espérance.
Autant et septante fois autant elle l'emporte sur les
saints, (sur les plus grands saints mêmes), en foi, en
charité, en **espérance.**

L'homme n'est rien auprès de l'enfant en pureté, en
jeunesse, en espérance.
En enfance.
En innocence.
En ignorance.
En impuissance.
En nouveauté.
Ainsi, autant et septante fois autant les saintes et les
saints, les plus grandes saintes et les plus grands saints.
Ne sont rien auprès d'elle en enfance et en pureté.
En innocence et en jeunesse.
En ignorance, en impuissance, en nouveauté.
En foi, en charité, en espérance.

Geneviève, mon enfant, était une simple bergère.

Jésus aussi était un simple berger.

Mais quel berger mon enfant.

Berger de quel troupeau. Pasteur de quelles brebis.

En quel pays du monde.

Pasteur des cent brebis qui sont demeurées dans le bercail, pasteur de la brebis égarée, pasteur de la brebis qui revient.

Et qui pour l'aider à revenir, car ses jambes ne peuvent plus la porter,

Ses jambes fourbues,

La prend doucement et la rapporte lui-même sur ses épaules,

Sur ses deux épaules,

Doucement ployée en demi-couronne autour de sa nuque,

La tête de la brebis doucement appuyée ainsi sur son épaule droite,

Qui est le bon côté,

Sur l'épaule droite de Jésus,

Qui est le côté des bons,

Et le corps demi-roulé tout autour du col et autour de la nuque.

Autour du cou en demi-couronne,

Comme un foulard en laine qui tient chaud.

Ainsi la brebis même tient chaud à son propre pasteur,

La brebis en laine.

Les deux pieds de devant bien et dûment tenus dans la main droite,

Qui est le bon côté,

Tenus et serrés,

Doucement mais ferme,

Les deux pieds de derrière bien et dûment tenus dans la main gauche,

Doucement mais ferme,

Comme on tient un enfant quand on joue à le porter à califourchon

Sur les deux épaules,

La jambe droite dans la main droite, la jambe gauche dans la main gauche.

Ainsi le Sauveur, ainsi le bon pasteur, ce qui veut dire le bon berger

Rapporte à califourchon cette brebis qui s'était perdue, qui allait se perdre

Pour que les pierres du chemin ne meurtrissent plus
ses pieds meurtris.
Parce qu'il y aura plus de joie dans le ciel pour ce pécheur
qui s'en revient,
Que pour cent justes qui ne seront point partis.
Car les cent justes qui ne seront point partis ils seront
restés.
Ils ne seront restés que en foi et en charité.
Mais ce pécheur qui est parti et qui a failli se perdre
Par son départ même et parce qu'il allait manquer à
l'appel du soir
Il a fait naître la crainte et ainsi il a fait jaillir *l'espérance*
même
Au cœur de Dieu même,
Au cœur de Jésus.
Le tremblement de la crainte et le frisson,
Le frémissement de l'espérance.

Par cette brebis égarée Jésus a connu la crainte dans
l'amour.
Et ce que la divine espérance met de tremblement dans
la charité même.

Et Dieu a eu peur d'avoir à la condamner.

Par cette brebis et parce qu'elle ne rentrait point au ber-
cail et parce qu'elle allait manquer à l'appel du soir,
Jésus comme un homme a connu l'inquiétude humaine,
Jésus fait homme,
Il a connu ce que c'est que l'inquiétude au cœur même
de la charité,
L'inquiétude rongeante au cœur d'une charité ainsi
véreuse,
Mais ainsi aussi il a connu ce que c'est que la toute
première pointe de la poussée de l'espérance.
Quand la jeune vertu espérance commence à pousser
au cœur de l'homme,
Sous la rude écorce,
Comme un premier bourgeon d'avril.

Ainsi Geneviève était bergère mais Marie
Est la mère du berger même
Et tant qu'il y aura un bercail,
C'est-à-dire une bergerie,
Elle est la mère du berger éternel.

Adonc il faut quelque jour une fois remonter
A celle qui intercède.
Après Marcel et Germaine et Germain,
Geneviève et saint Pierre.
Après les patrons, les patronnes, les saints,
Après la patronne éternelle de Paris.
Et même après le patron éternel de Rome
Il faut monter
A celle qui est la plus imposante.
Parce qu'aussi elle est la plus maternelle.

A celle qui est infiniment blanche.
Parce qu'aussi elle est la mère du Bon Pasteur,
de l'Homme qui a espéré.

(Et il avait bien raison d'espérer, puisqu'il a réussi à
    rapporter la brebis.)

A celle qui est infiniment céleste.
Parce qu'aussi elle est infiniment terrestre.

A celle qui est infiniment éternelle.
Parce qu'aussi elle est infiniment temporelle.

A celle qui est infiniment au-dessus de nous.
Parce qu'aussi elle est infiniment parmi nous.

A celle qui est la mère et la reine des anges.
Parce qu'aussi elle est la mère et la reine des hommes.
Reine des cieux, régente terrienne.

(Empérière des infernaux palus.)

A celle qui est Marie.
Parce qu'elle est pleine de grâce.

A celle qui est pleine de grâce.
Parce qu'elle est avec nous.

A celle qui est avec nous.
Parce que le Seigneur est avec elle.

A celle qui intercède.
Parce qu'elle est bénie entre toutes les femmes.
Et que Jésus, le fruit de son ventre, est béni.

A celle qui est pleine de grâce.
Parce qu'elle est pleine de grâce.

Celle qui est infiniment reine
Parce qu'elle est la plus humble des créatures.
Parce qu'elle était une pauvre femme, une misérable
    femme, une pauvre juive de Judée.

A celle qui est infiniment loin
Parce qu'elle est infiniment près.

A celle qui est la plus haute princesse
Parce qu'elle est la plus humble femme.

A celle qui est la plus près de Dieu
Parce qu'elle est la plus près des hommes.

A celle qui est infiniment sauve
Parce qu'à son tour elle sauve infiniment.

A celle qui est la plus agréable à Dieu.

A celle qui est pleine de grâce
Parce qu'aussi elle est pleine d'efficace
Maintenant.

Et parce qu'elle est pleine de grâce et pleine d'efficace
Et à l'heure de notre mort ainsi soit-il.

D'avoir conçu et d'avoir enfanté,
D'avoir nourri et d'avoir porté
L'Homme qui a craint,
L'Homme qui a espéré.

(Et il avait bien raison d'espérer, puisqu'il a réussi à
sauver tant de saintes et tant de saints. Au moins pour
commencer. En somme enfin il a réussi tout de même.)

A celle qui est la seule Reine
Parce qu'elle est la plus humble sujette.

A celle qui est la première après Dieu
Parce qu'elle est la première avant l'homme.

La première avant les hommes et les femmes.
La première avant les pécheurs.

La première avant les saintes et les saints.
La première avant l'homme charnel.

Et aussi bien la première avant les anges mêmes.

Écoute, mon enfant, je vais t'expliquer, écoute-moi bien,
je vais t'expliquer pourquoi,
comment, en quoi
la Sainte Vierge est une créature unique, rare,
D'une rareté infinie,
Entre toutes précellente,
Unique entre toutes les créatures.
Suis-moi bien. Je ne sais si tu me comprendras bien.
Toute la création était pure. Suis-moi bien.
(En somme Jésus a réussi, il ne faut pas être trop difficile.
Il ne faut pas être trop exigeant.
Avec la vie.
Puisqu'il a tout de même pu rapporter, rassembler cette
gerbe de saints.
Que montant il a jetée aux pieds de son père.
Et les âmes des justes qu'il avait parfumées de ses vertus.)
Dont toute la création était pure.

Comme elle était sortie, comme elle avait jailli pure et
jeune et neuve des mains de son Créateur.

Mais le péché de Satan séduisit, corrompit la moitié des
anges.
Et le péché d'Adam séduisit, corrompit dans le sang la
totalité des hommes.

De sorte qu'il n'y avait plus de pur que la moitié des
anges.
Et rien des hommes,
Personne des hommes,
Dans toute la création,
De la pureté native, de la jeune pureté, de la pureté pre-
mière, de la pureté créée, de la pureté enfant, de la
pureté de la création même.

Quand fut créée cette créature unique,
Bénie entre toutes les femmes,

Infiniment unique, infiniment rare,
Maintenant.

Infiniment agréable à Dieu.
Et à l'heure de notre mort ainsi soit-il,
Précellente entre toutes.

Quand enfin, quand un jour des temps fut créée pour
l'éternité,
Pour le salut du monde cette créature unique.
Pour être la Mère de Dieu.
Pour être femme et pourtant pour être pure.

Écoute-moi bien, mon enfant, suis-moi bien, c'est diffi-
cile à t'expliquer.
En quoi elle est à ce point une créature unique. Mais
suis-moi bien.
A toutes les créatures il manque quelque chose.

Non seulement qu'elles ne sont point le Créateur,
Dieu leur Créateur.
(Ceci c'est dans l'ordre.
C'est l'ordre même.)
Qu'elles ne sont point leur propre Créateur.
Mais en outre il leur manque toujours quelque chose.
A celles qui sont charnelles il manque précisément d'être
    pures.
Nous le savons.
Mais à celles qui sont pures il manque précisément d'être
    charnelles.
Il faut le savoir.

Et à elle au contraire il ne manque rien.
Sinon vraiment d'être Dieu même.
D'être son Créateur.
(Mais ceci c'est l'ordre.)

Car étant charnelle elle est pure.
Mais, étant pure, aussi elle est charnelle.

Et c'est ainsi qu'elle n'est pas seulement une femme
    unique entre toutes les femmes.
Mais qu'elle est une créature unique entre toutes les
    créatures.

Littéralement la première après Dieu. Après le Créateur.
Aussitôt après.
Celle que l'on trouve en descendant, aussitôt que l'on
    descend de Dieu.
Dans la céleste hiérarchie.

Dans ce désastre. Dans ce défaut. Dans ce manque.
Dans ce désastre de la moitié des anges et de la totalité
    des hommes il n'y avait plus rien de charnel qui fût
    pur,
De la pureté de la naissance.

Quand un jour cette femme naquit de la tribu de Juda
Pour le salut du monde
Parce qu'elle était pleine de grâce.

Et en outre Joseph était de la maison de David
Qui était la maison de Jacob.

Quand elle naquit toute pleine de son innocence première.
Aussi pure qu'Ève avant le premier péché.

*Voyez à ne pas mépriser un de ces petits : en effet je vous le dis,
que leurs anges dans les cieux voient toujours la face de mon
Père, qui est aux cieux.*

En effet le Fils de l'homme est venu sauver ce qui avait péri.

*Que vous semble ? Si quelqu'un avait cent brebis, et que l'une
d'elles se soit perdue en route ;*

(Trompée de chemin);

*est-ce qu'il ne laisse pas les quatre-vingt-dix-neuf dans les
montagnes, et ne va pas chercher celle qui s'est perdue ?*

*Et s'il a eu le bonheur de la retrouver : En vérité je vous le dis,
qu'il se réjouit sur elle plus que sur les quatre-vingt-dix-neuf,
qui ne se sont pas perdues.*

*Ainsi n'est pas la volonté devant votre Père, qui est aux cieux,
que périsse un seul de ces petits.*

Le Bon Pasteur c'est-à-dire le bon berger.
Par elle il a connu l'inquiétude.
Par celle-ci qui n'est point restée avec les quatre-vingt-
dix-neuf autres.
La mortelle inquiétude.
(La dévorante inquiétude au cœur de Jésus.)
L'inquiétude de ne pas la retrouver. De ne pas savoir.
De ne la retrouver jamais. L'humaine inquiétude.
La mortelle inquiétude d'avoir à la condamner.

Mais enfin il est sauvé.
Lui-même le sauveur il est sauvé.
Il est sauvé d'avoir à la condamner.
Comme il respire.
Ça en fait toujours une de sauvée.
Il n'aura point à condamner cette âme.

Par cette petite brebis qui s'était seulement trompée de
      chemin,
(Ça peut arriver à tout le monde.)

et erraverit una ex eis,

et c'est arrivé aux plus grands saints
De prendre le chemin du péché
Par cette petite brebis d'âme homme, fait homme, il a
      connu l'inquiétude d'homme.
Mais par cette sotte de petite brebis d'âme (qui lui a fait
      une si grande peur) homme, fait homme, il a connu
      l'espérance d'homme.

Par cette petite brebis de rien du tout qui s'était égarée,
      par cette créature brebis
Homme, fait homme, il a connu la bourgeonnante espé-
      rance,
Le bourgeonnement de l'espérance qui pointe au cœur
      plus douce que le fin bourgeon d'avril.

A toutes les créatures il manque quelque chose, et non
      point seulement de n'être pas Créateur.
A celles qui sont charnelles, nous le savons, il manque
      d'être pures.
Mais à celles qui sont pures, il faut le savoir, il manque
      d'être charnelles.
Une seule est pure étant charnelle.
Une seule est charnelle ensemble étant pure.
C'est pour cela que la Sainte Vierge n'est pas seulement
      la plus grande bénédiction qui soit tombée sur la terre.
Mais la plus grande bénédiction même qui soit descendue
      dans toute la création.

Elle n'est pas seulement la première entre toutes les femmes.

Bénie entre toutes les femmes,

Elle n'est pas seulement la première entre toutes les créatures,
Elle est une créature unique, infiniment unique, infiniment rare.

Une seule et nulle autre ensemble charnelle et pure. Car du côté des anges
Les anges seraient bien purs, mais ils sont de purs esprits, ils ne sont point charnels.
Ils ne savent point ce que c'est que d'avoir un corps, que d'*être* un corps.
Ils ne savent point ce que c'est que d'être cette pauvre créature.
Charnelle.
Un corps pétri du limon de cette terre.
Charnelle.
Ils ne connaissent point cette liaison mystérieuse, cette liaison créée,
Infiniment mystérieuse,
De l'âme et du corps.
Car Dieu n'a pas créé seulement l'âme et le corps.
L'âme immortelle et le corps mortel mais qui ressuscitera.
Mais il a créé aussi, d'une tierce création il a créé
Ce lien mystérieux, ce lien créé,
Cet attachement, cette liaison du corps et de l'âme,
D'un esprit et d'une matière,
De l'immortel et du mortel mais qui ressuscitera
Et l'âme est liée à la boue et à la cendre.
A la boue quand il pleut et à la cendre quand il fait sec.
Et pourtant liée ainsi il faut que l'âme fasse son salut.
Comme un bon cheval de labour, comme une bête loyale et vigoureuse, comme une grosse bête lorraine qui tire la charrue.
De sa vigueur et de sa force il ne faut pas seulement qu'elle se meuve elle-même, qu'elle se tire, qu'elle se traîne elle-même.
Qu'elle se porte sur ses quatre pieds.

Mais de cette même vigueur et force il faut aussi qu'elle
    meuve et qu'elle tire et qu'elle traîne l'inerte charrue.
Inerte sans elle, qui ne peut pas se mouvoir toute seule,
    se tirer, se traîner toute seule.
Se mouvoir, se traîner, se tirer sans elle.
Inerte sans elle mais laborieuse avec elle, travailleuse
    par elle, agissante par elle.
Cette charrue qui derrière elle laboure la terre lorraine.
(Mais qui la laboure à une condition, c'est qu'on la tire.)
Comme le cheval de labour, la bonne bête doit non seu-
    lement se porter et se mouvoir elle-même,
Sur ses quatre jambes, sur ses quatre pieds,
Mais ensemble traîner cette charrue qui, ainsi animée,
    derrière elle laboure la terre,
Ainsi l'âme, cette bête de labour, et d'un labour terrestre,
D'un labour charnel,
Non seulement l'âme doit se mouvoir et se porter sur
    les quatre vertus,
Se tirer et se traîner elle-même.
Mais il faut qu'elle meuve et qu'elle porte,
Encore il faut qu'elle tire et qu'elle traîne
Ce corps enfoncé dans la terre qui laboure derrière elle
    la glèbe de la terre.
Ce corps inerte, sans elle inanimé.
Inerte sans elle, laborieux par elle,
Qui animé par elle travailleur peut labourer cette terre,
Réussit à la labourer.
Il ne faut pas seulement qu'elle fasse son salut, elle pour
    elle, elle pour soi.
Il faut aussi qu'elle fasse son salut pour lui, son salut à
    elle l'âme pour lui le corps.
Et il faut qu'elle fasse ensemble son salut à lui qui
    ressuscitera.
Leur commun salut, ensemble leur double salut pour
    qu'après le jugement dernier,
Aussitôt après,
Ensemble ils participent à la commune félicité éternelle,
Elle l'immortelle, et lui le mortel et le mort mais le
    ressuscité,
Lui étant seulement devenu un corps glorieux.
Comme les deux mains sont jointes dans la prière,
Et l'une n'est pas plus injuste que l'autre,
Ainsi le corps et l'âme sont comme deux mains jointes.

Et l'un et l'autre ensemble ils entreront ensemble dans la
vie éternelle.
Et ils seront deux mains jointes, ensemble, pour ce qui
est infiniment plus que la prière.
Et infiniment plus que le sacrement.
Ou tous les deux ensemble ils retomberont comme deux
poignets liés
Pour une captivité éternelle.

Comme un bon laboureur pour labourer cette lourde
terre,
Qui poisse au soc de la charrue,
Attelle au cheval vigoureux la charrue (elle-même vigou-
reuse,
Mais en elle-même inerte),
(Et il ne met pas la charrue devant les bœufs),
Ainsi le Seigneur Dieu pour labourer cette charnelle terre,
Cette grasse terre qui poisse au corps et au cœur de
l'homme,
Cette lourde terre,
Cette terrestre terre,
Et terrienne,

(Reine des cieux, régente terrienne),

Ainsi le Seigneur Dieu a attelé le corps à l'âme.

Et comme il faut que le cheval de labour tire pour lui-
même et pour la charrue,
Ainsi il faut que l'âme tire aussi pour elle-même et pour
le corps,
Qu'elle fasse son salut, leur salut, pour elle-même et
pour le corps.
Car nul des deux, ni l'un ni l'autre ne sera sauvé sans
l'autre.
Nous n'avons pas le choix. Il faut être deux mains
jointes ou deux poignets liés.
Deux mains jointes qui montent jointes pour la félicité.
Deux poignets liés qui retombent liés pour la captivité.
Ni les mains ne seront disjointes ni les poignets ne seront
déliés.

Car Dieu a lui-même attaché l'immortel au mortel.
Et au mort mais qui ressuscitera.

Voilà ce que les anges, mon enfant, ne connaissent pas.
Je veux dire voilà ce qu'ils n'ont pas éprouvé.
Ce que c'est que d'avoir ce corps; d'avoir cette liaison
    avec ce corps; d'être ce corps.
D'avoir cette liaison avec la terre, avec cette terre, d'être
    cette terre, le limon et la poussière, la cendre et la boue
    de la terre,
Le corps même de Jésus.

Ainsi il faut que l'âme ne fasse pas seulement pour elle,
    il faut qu'elle fasse non pas seulement pour soi.
Mais il faut qu'elle fasse aussi pour son serviteur le corps.
Comme un homme riche qui vient à vouloir passer sur
    un pont.
Il paye au péager qui a une petite guérite à l'entrée du
    pont.
Il paye un sou pour lui et ensemble un sou aussi pour
    son serviteur qui le suit.
Ainsi il faut que l'âme paye pour l'âme et le corps, il
    faut que l'âme fasse pour l'âme et le corps.
Car c'est toujours elle, l'âme, qui est un homme riche,
Et lui le pauvre corps il a beau faire, il a beau dire, avec
    tout son orgueil il ne sera jamais qu'une pauvre créa-
    ture
Et c'est toujours lui qui a tort.
(Même quand il a raison.)
Surtout quand il a raison.

Voilà, mon enfant, ce que les anges ne connaissent point,
    je veux dire ce qu'ils n'ont point éprouvé.

Les péchés de la chair et les uniques rémissions de la
    chair.

Les péchés qui sont de la chair et qui ne sont que de la
    chair.

Et que toute créature ignore qui n'est point charnelle.
Les péchés de la chair et de la terrestre terre que les
anges ne connaissent que pour en avoir entendu parler.
Comme une histoire d'un autre monde.
Et presque pour ainsi dire d'une autre création.

Les péchés charnels que les anges ne connaissent point.
Je veux dire qu'ils n'ont point éprouvés.

Les péchés du corps et du cœur terrestre.
(Rachetés par le corps et par le cœur.)

Les péchés de la chair et du sang.
(Rachetés par la chair et par le Sang.)

Les péchés terrestres.
Les péchés terriens.
Les péchés terreux.
Les péchés de la glèbe.
Et de la terrestre terre.

Le premier péché charnel, quand dans un coup brusque
le sang vous monte et vous bat aux tempes, dans un
coup de colère.
Dans un mouvement de colère.
Le péché de colère.

Le deuxième péché charnel, mon enfant, le plus grand
péché qui soit jamais tombé dans le monde.
Quand le sang s'affaisse dans le cœur, le péché de
désespoir.

Et sur le chemin du désespoir, mon enfant, la plus
grande tentation qui ait jamais passé dans le monde.
Quand le sang tremble et s'affole dans le cœur.
La plus grande tentation charnelle.
Mais est-ce bien une tentation.
La tentation de la mortelle inquiétude.
Quand le Pasteur même eut peur et trembla dans son
cœur
D'avoir à la condamner, à la perdre, je veux dire à la
laisser perdue.

La peur mortelle, la mortelle inquiétude d'avoir à
    condamner à mort.
Exactement je veux dire d'avoir à laisser condamnée à
    mort.
In montibus, dans les montagnes, quand il eut peur de ne
    jamais la retrouver.
D'être forcé
De la laisser perdue dans la nuit d'une mort
Éternelle.

Les péchés de la chair, mais les rémissions de la chair.
Ils ne connaissent pas non plus les rémissions charnelles.
Cette rémission infinie, éternelle et d'un seul coup.
Et ensemble inséparablement temporelle et charnelle.
Quand tout le péché du monde ensemble et d'un seul
    coup
Fut racheté par la mise en croix d'un corps d'homme.
Quand les épines de la couronne d'épines firent dégoutter
    du front sur la face des gouttes d'un sang d'homme.
Quand les quatre clous des membres firent dégoutter
    par **terre** et sur les bois de la croix un sang d'homme.
Quand la lance romaine, perçant un flanc d'homme, fit
    couler sur le flanc un sang d'homme.

Et précédant cette rémission totale même
Et globale
Comme le dauphin dans le cortège du roi précède le
    globe de l'empire et de la terre,
Et comme une enfant dans une procession précède le
    Corps même et le Saint-Sacrement,
Précédant toute rémission ils ne connaissent point ce qui
    est presque plus doux que la rémission même.
Pour ainsi dire.
Quand le sang s'annonce et commence à remonter len-
    tement au cœur,
La jeune espérance,
Le mouvement de l'espérance,
Quand un jeune sang commence à refluer vers le cœur.
Comme la jeune sève d'avril commence à goutter, à
    pointer dessous la dure écorce.

Quel commandement, quelle autorité, quelle brutalité,
    quel écrasement d'espérance.
Voyez à ne pas mépriser un seul de ces petits :
Un seul :
en effet je vous le dis,
que leurs anges dans les cieux
voient toujours la face de mon Père, qui est aux cieux.

Comme on voit, comme on sent la sève au mois de mai
Poindre sous la dure écorce,
Ainsi on sent, ainsi on voit au mois de Pâques
Un sang nouveau monter et poindre
Sous la dure écorce du cœur,
Sous l'écorce de la colère, sous l'écorce du désespoir,
Sous la dure écorce du péché.

Voilà ce qu'ils ne connaissent point, ni le plus grand
    péché charnel.
Quand le sang monte et se gonfle et se tuméfie dans le
    cœur et dans la tête.
Quand dans un soudain mouvement, dans un énorme
    mouvement le sang monte et se gonfle et bout.
Dans un mouvement d'orgueil.
Quand le sang, comme une bête, saute, dans un coup,
Comme un rapace, comme une bête de proie
Dans un coup d'orgueil.
L'orgueil, le plus grand péché qui soit jamais tombé sur
    la terre
Et dans toute la création.
L'orgueil du corps, l'orgueil du sang, l'orgueil de la
    chair.
Qui gonfle et qui bourdonne dans tout le corps comme
    une tempête de bourdonnement.
Et qui bat aux tempes comme un roulement de tambour.
L'antique orgueil, vieux comme la race, vieux comme la
    chair,
et comme la sève du bouleau.
Comme la sève et le sang de l'orgueil, comme la sève et
    le sang du chêne
L'orgueil charnel voilà ce qu'ils ne connaissent pas,
Ce qu'ils n'ont aucunement éprouvé.
Ils ont bien eu leur orgueil aussi, j'entends ceux qui se
    sont perdus

Par l'orgueil, Lucifer, Satan. Leur orgueil de perdition.
Mais c'était un pâle orgueil, un orgueil exsangue,
Un orgueil d'esprit, un orgueil de tête,
Nullement un orgueil de cœur et de sang,
Nullement un orgueil de corps,
Nullement un orgueil de cette terrestre
Terre.

C'était un orgueil de pensée, un pauvre orgueil d'idée.
Un pâle orgueil, un vain orgueil tout monté en tête.
Une fumée.
Nullement un gros et gras orgueil nourri de graisse et
    de sang.
Tout crevant de santé.
La peau luisante.
Et qui aussi n'a pu être racheté que par la chair et le sang.

Un orgueil tout bouffi de sang
Qui bourdonne dans les oreilles
Par le bourdonnement du sang,
Un orgueil qui injecte les yeux de sang,
Et qui bat le tambour dans les tempes,
Voilà ce qu'ils ne connaissent point.

Ils ne connaissent donc point qu'il y a un Pâques
Un jour de Pâques, un dimanche de Pâques
Une semaine de Pâques
Un mois de Pâques
Pour la montée, pour la remontée de l'espérance charnelle
Comme il y a pour la sève du chêne et du bouleau
Un mois d'avril, un mois de mai.

Ils ne connaissent point tout cet orgueil charnel, ce plein
    orgueil charnel, ce chaud orgueil charnel,
D'un sang bouillant.
Ils ne connaissent donc point la rémission charnelle
Du sang versé.

Ils ne connaissent point le gros orgueil d'homme,
Tout plein de soi.

Tout gras.
Tout gonflé, tout nourri de soi.
Ils ne connaissent point tant de graisse, tant de mangeaille
Qui n'a pu être compensée
Que par l'effrayante, que par l'affreuse maigreur,
Que par le décharnement
De Jésus sur sa croix.

Ils ne connaissent point le vieil orgueil royal, ils ne
    connaissent point l'antique orgueil,
L'orgueil sanguin, crevant de soi, l'orgueil qui crève
    dans sa peau, ils ne connaissent donc point
Que la jeune, que la charnelle, que la timide espérance
Marche en tête du cortège,
Innocente s'avance
Parce qu'elle est dauphin de France.

Quelle brutalité, mon enfant, quelle imposition, quelle
    violence de Dieu.
Quel écrasement, quel commandement d'espérance.
Voyez à ne pas mépriser **un seul** *de ces petits :*
En effet je vous le dis,
Que leurs anges dans les cieux voient toujours la face de mon
    Père,
Qui est aux cieux.

Jésus-Christ, mon enfant, n'est pas venu pour nous
    dire des fariboles.
Tu comprends, il n'a pas fait le voyage de venir sur
    terre,
Un grand voyage, entre nous,
(Et il était si bien où il était.)
(Avant de venir.
Il n'avait pas tous nos soucis.)
Il n'a pas fait le voyage de descendre sur terre
Pour venir nous conter des amusettes
Et des blagues.
On n'a pas le temps de s'amuser.
Il n'a pas mis, il n'a pas employé, il n'a pas dépensé
Les trente-trois ans de sa vie terrestre,

De sa vie charnelle,
Les trente ans de sa vie privée,
Les trois ans de sa vie publique,
Les trois jours de sa passion et de sa mort,
(Et dans les limbes les trois jours de son sépulcre),
Il n'a pas mis, il n'a pas employé, il n'a pas dépensé tout ça,
Ses trente ans de travail et ses trois ans de prédication
    et ses trois jours de passion et de mort,
Ses trente-trois ans de prière,
Son incarnation, qui est proprement son encharnement,
Sa mise en chair et en charnel, sa mise en homme et
    sa mise en croix et sa mise au tombeau,
Son encharnellement et son supplice,
Sa vie d'homme et sa vie d'ouvrier et sa vie de prêtre
    et sa vie de saint et sa vie de martyr,
Sa vie de fidèle,
Sa vie de Jésus,
Pour venir ensuite (en même temps) nous débiter des
    sornettes.
Il n'a pas mis, il n'a pas employé, il n'a pas dépensé tout
    ça.
Il n'a pas fait toute cette dépense
Considérable
Pour venir nous donner, pour nous donner ensuite
Des devinettes
A deviner
Comme un sorcier.
En faisant le malin.
Non, non, mon enfant, et Jésus non plus ne nous a
    point donné des paroles mortes
Que nous ayons à renfermer dans des petites boîtes
(Ou dans des grandes.)
Et que nous ayons à conserver dans (de) l'huile rance
Comme les momies d'Égypte.
Jésus-Christ, mon enfant, ne nous a point donné des
    conserves de paroles
A garder,
Mais il nous a donné des paroles vivantes
A nourrir.
Ego sum via, veritas et vita,
Je suis la voie, la vérité et la vie.
Les paroles de (la) vie, les paroles vivantes ne peuvent se
    conserver que vivantes,

Nourries vivantes,

Nourries, portées, chauffées, chaudes dans un cœur vivant.

Nullement conservées moisies dans des petites boîtes en bois ou en carton.

Comme Jésus a pris, a été forcé de prendre corps, de revêtir la chair

Pour prononcer ces paroles (charnelles) et pour les faire entendre,

Pour pouvoir les prononcer,

Ainsi nous, pareillement nous, *à l'imitation de Jésus,*

Ainsi nous, qui sommes chair, nous devons en profiter,

Profiter de ce que nous sommes charnels pour les conserver, pour les réchauffer, pour les nourrir en nous vivantes et charnelles,

(Voilà ce que les anges mêmes ne connaissent pas, mon enfant, voilà ce qu'ils n'ont point éprouvé.)

Comme une mère charnelle nourrit, et fomente sur son cœur son dernier-né,

Son nourrisson charnel, sur son sein,

Bien posé dans le pli de son bras,

Ainsi, profitant de ce que nous sommes charnels,

Nous devons nourrir, nous avons à nourrir dans notre cœur,

De notre chair et de notre sang,

De notre cœur,

Les Paroles charnelles,

Les Paroles éternelles, temporellement, charnellement prononcées.

Miracle des miracles, mon enfant, mystère des mystères.

Parce que Jésus-Christ est devenu notre frère charnel

Parce qu'il a prononcé temporellement et charnellement les paroles éternelles,

In monte, sur la montagne,

C'est à nous, infirmes, qu'il a été donné,

C'est de nous qu'il dépend, infirmes et charnels,

De faire vivre et de nourrir et de garder vivantes dans le temps

Ces paroles prononcées vivantes dans le temps.

Mystère des mystères, ce privilège nous a été donné,

Ce privilège incroyable, exorbitant,

De conserver vivantes les paroles de vie,

De nourrir de notre sang, de notre chair, de notre cœur

Des paroles qui sans nous retomberaient décharnées.

D'assurer, (c'est incroyable), d'assurer aux paroles éter-
   nelles
En outre comme une deuxième éternité,
Une éternité temporelle et charnelle, une éternité de
   chair et de sang,
Une nourriture, une éternité de corps,
Une éternité terrienne.

Ainsi les paroles de Jésus, les paroles éternelles sont les
   nourrissonnes, les vivantes nourrissonnes de notre
   sang et de notre cœur
De nous qui vivons dans le temps.
Comme la dernière des paysannes, si la reine dans son
   palais ne peut pas nourrir le dauphin
Parce qu'elle manque de lait,
Alors la dernière paysanne de la dernière paroisse peut
   être appelée au palais,
Pourvu qu'elle soit une bonne nourrice,
Et elle peut être appelée à nourrir un fils de France,
Ainsi nous toutes enfants de toutes les paroisses
Nous sommes appelées à nourrir la parole du fils de
   Dieu.

O misère, ô malheur, c'est à nous qu'il revient,
C'est à nous qu'il appartient, c'est de nous qu'il dépend
De la faire entendre dans les siècles des siècles,
De la faire retentir.

O misère, ô bonheur, c'est de nous qu'il dépend,
Tremblement de bonheur,
Nous qui ne sommes rien, nous qui passons sur terre
   quelques années de rien,
Quelques pauvres années misérables,
(Nous âmes immortelles),
O danger, péril de mort, c'est nous qui sommes chargées,
Nous qui ne pouvons rien, qui ne sommes rien, qui ne
   sommes pas assurées du lendemain,

Ni du jour même, qui naissons et mourons comme des
    créatures d'un jour,
Qui passons comme des mercenaires,
C'est encore nous qui sommes chargées,
Nous qui le matin ne sommes pas sûres du soir,
Ni même du midi,
Et qui le soir ne sommes pas sûres du matin,
Du lendemain matin,
C'est insensé, c'est encore nous qui sommes chargées,
    c'est uniquement de nous qu'il dépend
D'assurer aux Paroles une deuxième éternité
Éternelle.
Une perpétuité singulière:
C'est à nous qu'il appartient, c'est de nous qu'il dépend
    d'assurer aux paroles
Une perpétuité éternelle, une perpétuité charnelle,
Une perpétuité nourrie de viande, de graisse et de sang.

Nous qui ne sommes rien, qui ne durons pas,
Qui ne durons autant dire rien
(Sur terre)
C'est insensé, c'est encore nous qui sommes chargées
    de conserver et de nourrir éternelles
Sur terre
Les paroles dites, la parole de Dieu.

Mystère, danger, bonheur, malheur, grâce de Dieu,
    choix unique,
responsabilité effrayante, misère, grandeur de notre vie,
nous créatures éphémères c'est-à-dire qui ne passons
    qu'un jour,
qui ne durons qu'un jour,
pauvres femmes viagères qui travaillons comme des
    mercenaires,
qui ne s'arrêtent dans un pays que pour faire la moisson
    seulement ou la vendange,
qui s'embauchent pour une paye pour quinze jours trois
    semaines seulement,
et qui aussitôt après repartent par la route,
sur le chemin,
tournent au coin des peupliers,

nous simples voyageurs, pauvres voyageurs, fragiles
    voyageurs,
voyageurs précaires,
chemineaux éternels,
qui entrons dans la vie et aussitôt qui sortons,
comme des chemineaux entrent dans une ferme pour un
    repas seulement,
pour une miche de pain et pour un verre de vin,
nous débiles, nous fragiles, nous précaires, nous indignes,
    nous infirmes,
nous autres bergères, nous légères, nous passagères,
    nous viagères,
(mais non pas, nullement étrangères),
grâce unique, (risque de quelle disgrâce ?),
Fragiles c'est de nous qu'il dépend que la parole éternelle
Retentisse ou ne retentisse pas.

Dans des cœurs charnels, voilà, mon enfant, ce que les
    anges ne connaissent pas,
Autrement que par ouï-dire,
Mais eux-mêmes ils ne l'ont pas éprouvé,
Dans des cœurs charnels, dans des cœurs précaires, dans
    des cœurs viagers,
Dans des cœurs qui se brisent
Une parole est conservée, est nourrie
Qui ne se brisera éternellement pas.

Dans des cœurs fragiles une parole qui se retrouvera
    toujours.

C'est pour cela, mon enfant, pour cela même,
(Tu t'y reconnais, tu t'y retrouves),
C'est pour cela qu'il faut que France, que chrétienté
    continue;
Pour que la parole éternelle ne retombe pas morte dans
    un silence,
Dans un vide charnel.

C'est donc pour cela même,
(Nous y revenons, mon enfant, tu reconnais le chemin),

C'est précisément pour cela,
C'est pour cela même, c'est juste pour cela,
Que rien de tout cela,
Et même rien de tout,
(Ainsi, en cela, par cela, par le jeu de cela),
Que absolument rien de tout
Ne tient que par la jeune
Espérance,
Par celle qui recommence toujours et qui promet tou-
jours,
Qui garantit tout.
Qui garantit demain à aujourd'hui et ce soir et ce midi
à ce matin,
Et la vie à la vie et l'éternité même au temps.

Par celle qui garantit, par celle qui promet au matin la
journée
Tout entière,
Au printemps l'année
Tout entière,
A l'enfance la vie
Tout entière,
Au temps l'éternité
Tout entière,
A la création Dieu même
Tout entier.

A la moisson le blé
Tout entier,
A la vigne le vin
Tout entier.
Au royaume le roi et au roi le royaume et ainsi le monde
entier, et l'éternel et le temporel, et le spirituel et le
charnel,
Et la création et Dieu
Tient (aisément) dans ses petites mains.

Pour assurer cette perpétuité charnelle il faut que Dieu
(Miracle, c'est le vase qui se brise,
Qui se brise même perpétuellement,
Et il ne se perd pas une goutte de la liqueur),
Pour que la parole ne retombe pas inerte

Comme un oiseau mort il faut que Dieu
L'une après l'autre crée ces créatures périssables,
Ces hommes et ces femmes,
(Qui deviendront des pécheurs et des saints),
L'une après l'autre les paroisses et dans les paroisses
(Miracle des miracles l'impérissable n'est sauvé de périr
    que par le périssable)
(Et l'éternel n'est maintenu, n'est nourri éternel que par
    le temporel)
Et dans les paroisses une fois fondées, une fois créées,
(Il faut que Lorraine, il faut que Toul, il faut que Vau-
    couleurs, il faut que Domremy continue),
Dans les paroisses l'une après l'autre ces créatures péris-
    sables,
L'une après l'autre ces âmes (immortelles) périssables,
Et ces corps périssables et ces cœurs
Pour nourrir vivante la parole impérissable.

Il faut que Dieu les crée, l'une après l'autre il faut que
    Dieu en crée. Il faut qu'il en naisse.
Ça c'est son affaire, c'est son office, on est sûr que c'est
    bien fait.
Il y pourvoit, il y pourvoira éternellement.
Mais ce qui est notre affaire, hélas, et notre office,
Nous périssables créées, périssables créatures,
Une fois créées, une fois nées, une fois baptisées,
Une fois femmes et chrétiennes,
Ce qui malheureusement dépend de nous, heureusement,
L'une après l'autre c'est de nourrir la parole vivante,
C'est de nourrir un temps la parole éternelle.
Après tant d'autres, avant tant d'autres.
Depuis qu'elle fut dite.
Jusqu'au seuil du Jugement.

In saecula saeculorum.
Dans les siècles des siècles.
De génération en génération.
Depuis le commencement des siècles.
Jusqu'à la consommation des siècles
De la terre.

Comme au seuil de l'église le dimanche et les jours de
  fête,
Quand on va à la messe,
Ou dans les enterrements,
On se passe, on se donne l'eau bénite de la main à la
  main,
De proche en proche, l'une après l'autre,
Directement de la main à la main ou un morceau de
  buis bénit trempé dans l'eau bénite.
Pour faire le signe de la croix soit sur soi-même vivant,
  sur nous-mêmes soit sur le cercueil de celui qui est
  mort,
De sorte que le même signe de la croix est comme
  porté de proche en proche par la même eau,
Par le ministère, par l'administration de la même eau,
L'une après l'autre sur les mêmes poitrines et sur les
  mêmes cœurs,
Et que les mêmes fronts,
Et jusque sur les cercueils des mêmes corps défunts,
Ainsi de main en main, de doigt en doigt
Du bout du doigt au bout du doigt les générations
  éternelles,
Qui éternellement vont à la messe,
Dans les mêmes poitrines, dans les mêmes cœurs jusqu'à
  l'enterrement du monde,
Se relayant,
Dans la même espérance se passent la parole de Dieu.

Par le ministère, par l'administration de la même espé-
  rance.

Par celle qui garantit, par celle qui promet, par celle qui
  contient d'avance.
Par celle qui promet à l'éternité
  Un temps.
A l'esprit
  Une chair.
A Jésus
  Une Église.
A Dieu même
  Une création, (sa création, la création),
Renversement, singulier renversement, renversement
  insensé,

Par celle qui promet à l'éternel
  Un temporel.
Au spirituel
  Un charnel.
A la Nourriture
  Une nourriture.
A la Vie
  Une vie.
Renversement c'est comme si
elle promettait
à la vie l'enfance,
à l'année le printemps,
à la journée le matin.

Comme les fidèles se passent de main en main l'eau bénite,
Ainsi nous fidèles nous devons nous passer de cœur en
  cœur la parole de Dieu.
De main en main, de cœur en cœur nous devons nous
  passer la divine
Espérance.

Il ne suffit pas que nous ayons été créées, que nous soyons
  nées, que nous ayons été faites fidèles.
Il faut, il dépend de nous que femmes et fidèles,
Il dépend de nous chrétiennes
Que l'éternel ne manque point de temporel,
(Singulier renversement),
Que le spirituel ne manque point du charnel,
Il faut tout dire, c'est incroyable : que l'éternité ne
  manque point d'un temps,
Du temps, d'un certain temps.
Que l'esprit ne manque point de chair.
Que l'âme pour ainsi dire ne manque point de corps.
Que Jésus ne manque point d'Église,
De son Église.
Il faut aller jusqu'au bout : Que Dieu ne manque point
  de sa création.

C'est-à-dire il dépend de nous
Que l'espérance ne mente pas dans le monde.

C'est-à-dire, il faut le dire, il dépend de nous
Que le plus ne manque pas du moins,
Que l'infiniment plus ne manque pas de l'infiniment
moins,
Que l'infiniment tout ne manque pas de l'infiniment
rien.

Il dépend de nous que l'infini ne manque pas du fini.
Que le parfait ne manque pas de l'imparfait.

C'est une gageure, il manque de nous, il dépend de nous
Que le grand ne manque pas du petit,
Que le tout ne manque pas d'une partie,
Que l'infiniment grand ne manque pas de l'infiniment
petit.
Que l'éternel ne manque pas du périssable.

Il manque de nous, (c'est une dérision), il manque de
nous que le Créateur
Ne manque pas de sa créature.

Et comme le dernier jour il y aura un grand signe de
croix sur le cercueil du monde.
Parce que ce sera le dernier enterrement.
Ainsi le dernier jour il y aura un grand signe de croix de
bénédiction.
Parce que ce sera l'accomplissement,
Le couronnement de l'espérance.

Grâce unique, un infirme, une créature infirme porte
Dieu.
Et Dieu peut manquer de cette créature.
Elle peut manquer dans son compte et dans son recen-
sement,
Quand il compte ses brebis, manquer à son amour et à
son être même,
Faire mentir son espérance.

Car il y a le couronnement d'épines mais il y a
Le couronnement de l'espérance

Qui est le couronnement des rameaux d'un arbre sans
   épines.

Jésus-Christ, mon enfant, n'est pas venu pour nous
   conter des fariboles,
Pendant le peu de temps qu'il avait.
Qu'est-ce que trois ans dans la vie d'un monde.
Dans l'éternité de ce monde.
Il n'avait pas de temps à perdre, il n'a pas perdu son
   temps à nous conter des fariboles et à nous donner des
   charades à deviner.
Des charades très spirituelles.
Très ingénieuses.
Des devinettes de sorcier.
Avec des mots à double entente et des malices et de misé-
   rables finesses de finasseries.
Non, il n'a pas perdu son temps et sa peine,
Il n'avait pas le temps,
Ses peines, sa grande, sa très grande peine.
Il n'a pas perdu, il n'a pas dépensé tout cela, tout son
   être, tout.
Il ne s'est pas dépensé, tout, lui-même, il n'a pas fait cette
   énorme, cette effroyable dépense
De soi, de son être, (de) tout,
Pour venir après ça, avec ça, moyennant ça, à ce prix,
Pour venir à ce prix-là nous donner de la tablature
A déchiffrer.
Des malices, de pauvres niaiseries, de quiproquos, des
   roueries spirituelles comme un devin de village.
Comme un farceur de campagne.
Comme un saltimbanque ambulant, un charlatan dans
   sa voiture.
Comme le malin du bourg, comme le gars le plus malin
   au cabaret.

Mais quand le Fils de Dieu, mon enfant, s'est dérangé
   du Ciel et de la droite de son Père.

Quand il s'est dérangé d'être assis à la droite.

Il n'a point fait, il n'a point fourni cette grande dépense,

Il n'a point fait ce grand dérangement pour venir nous
conter des balivernes

De quatre sous.

Des paroles en l'air.

Et des emberlificotages à n'y rien comprendre.

Mais, à ce prix-là, il est venu nous dire ce qu'il avait à
nous dire.

N'est-ce pas.

Tout tranquillement.

Tout simplement, tout honnêtement.

Tout directement. Tout premièrement.

Tout ordinairement.

Comme un honnête homme parle à un honnête homme.

D'homme à hommes.

Il ne s'est pas amusé à entortiller tout ça.

Il avait quelque chose à nous dire, il nous a dit ce qu'il
avait à nous dire.

Il ne nous a pas dit autre chose.

Et il ne nous l'a pas dit autrement qu'il n'avait à nous le
dire.

Comme il avait à dire, il a parlé.

Ce sont les imbéciles qui font le malin.

Et qui cherchent toujours midi à quatorze heures.

Toi quand ta mère t'envoie faire une commission chez
le boulanger.

Quand tu vas chez le boulanger,

Tu ne te mets pas tout d'un coup à raconter des choses
extraordinaires au boulanger.

Tu fais ta commission et puis tu t'en reviens.

Tu prends ton pain, tu payes, et tu t'en vas.

Lui c'est la même chose il est venu pour nous faire une
commission.

Il avait une commission à nous faire de la part de son
père.

Il nous a fait sa commission et il s'en est retourné.

Il est venu, il a payé (quel prix!), et il s'en va.

Il ne s'est pas mis à nous raconter des choses extra-
ordinaires.

Rien n'est aussi simple que la parole de Dieu.

Il ne nous a dit que des choses fort ordinaires.

Très ordinaires.

L'incarnation, le salut, la rédemption, la parole de Dieu.
Trois ou quatre mystères.
La prière, les sept sacrements.
Rien n'est aussi simple que la grandeur de Dieu.
Il nous a parlé sans détours ni embarbouillements.
Il ne faisait pas des manières, des embarbouillages.
Il parlait tout uniment, comme un simple homme, tout
    crûment, comme un homme dans le bourg,
Un homme dans le village.
Comme un homme dans la rue qui ne cherche pas ses
    mots et qui ne fait pas des embarras.
Pour causer.
Aussi, soit qu'il nous parlât et qu'il nous ait parlé
    directement,
Soit qu'il nous ait parlé par paraboles,
Que nous nommons en latin des similitudes,
Puisqu'il n'était point venu pour nous dire des fariboles,
Puisque toujours il nous a parlé directement et pleinement
Au pied de la lettre,
Au ras du mur,
Toujours aussi en réponse nous aussi nous devons
    l'écouter et l'entendre au pied de la lettre.
Directement et pleinement au pied du mur.
Notre frère, notre grand Frère ne nous a point trompés
    pour le plaisir de faire le malin.
Nous ne devons point le tromper pour le plaisir de
    faire les jacques.
Et c'est le tromper que de chercher des malices là où il
    n'en a point mis.
Que d'entendre, que de chercher, que de vouloir en-
    tendre; que d'imaginer;
Que de travailler;
Que d'entendre sa parole autrement qu'il ne l'a dite.
Que d'écouter même autrement qu'il n'a parlé.

C'est même la plus grave tromperie que nous puissions
    lui faire.

Que de le recevoir autrement, contrairement qu'il ne
    s'est donné.

C'est la plus grave injure, peut-être la seule injure que
    nous puissions lui faire.

Une couronne a été faite une fois : c'était une couronne
  d'épines.
Et le front et la tête ont saigné sous cette couronne de
  dérision.
Et le sang perlait par gouttes et le sang s'est collé dans
  les cheveux.

Mais une couronne aussi a été faite, une mystérieuse
  couronne.
Une couronne, un couronnement éternel.
Toute faite, mon enfant, toute faite de souples rameaux
  sans épines.
De rameaux bourgeonneux, de rameaux de fin mars.
De rameaux d'avril et de mai.
De rameaux flexibles et qui se tressent bien en couronne.
Sans une épine.
Bien obéissants, bien conduits sous le doigt.
Une couronne a été faite de bourgeons et de boutons.
De bourgeons de fleurs comme un beau pommier, de
  bourgeons de feuilles, de bourgeons de branches.
De bourgeons de rameaux.
De boutons de fleurs pour les fleurs et pour les fruits.
Toute bourgeonnante, toute boutonnante une couronne
  a été faite.
Mystérieuse.
Toute éternelle, toute en avance, toute gonflée de sève.
Toute embaumée, toute fraîche aux tempes, toute tendre
  et embaumante.
Toute faite pour aujourd'hui, pour en avant, pour
  demain.
Pour éternellement, pour après-demain.
Toute faite de pointes menues, de pointes tendres, de
  commencements de pointes.
Feuillues, fleuries d'avance,
Qui sont les pointes des bourgeons, tendres, fraîches,
Et qui ont l'odeur et qui ont le goût de la feuille et de la
  fleur.
Le goût de la pousse, le goût de la terre.
Le goût de l'arbre.
Et par avance le goût du fruit.
D'automne.
Pour calmer le pauvre front battant de fièvre, chargé
  de fièvre,

Afin de rattraper, afin de revaloir le couronnement de
    dérision,
Pour adoucir, pour apaiser, pour calmer, afin de rafraîchir
    les tempes battantes,
Les tempes fiévreuses.
Le front ardent, le front fiévreux,
Lourd de fièvre, les tempes chaudes, la migraine et
    l'injure, et le mal de tête et pour calmer la dérision
    même.
Pour apaiser, pour embaumer, pour étancher le sang qui
    se collait dans les cheveux.
Une couronne aussi a été faite, une couronne de sève,
    une couronne éternelle,
Et c'est la couronne, le couronnement de l'espérance.

Comme une mère fait un diadème de ses doigts allongés,
    des doigts conjoints et affrontés de ses deux mains
    fraîches
Autour du front brûlant de son enfant
Pour apaiser ce front brûlant, cette fièvre,
Ainsi une couronne éternelle a été tressée pour apaiser
    le front brûlant.
Et c'était une couronne de verdure.
Une couronne de feuillage.

Il faut avoir confiance en Dieu mon enfant.
Il faut avoir espérance en Dieu.
Il faut faire confiance à Dieu.
Il faut faire crédit à Dieu.

Il faut avoir cette confiance en Dieu d'avoir espérance
    en lui.
Il faut faire cette confiance à Dieu d'avoir espérance
    en lui.
Il faut faire ce crédit à Dieu d'avoir espérance en lui.

Il faut faire espérance à Dieu.

Il faut espérer en Dieu, il faut avoir foi en Dieu, c'est
    tout un, c'est tout le même.

Il faut avoir cette foi en Dieu que d'espérer en lui.
Il faut croire en lui, qui est d'espérer.

Il faut avoir confiance en Dieu, il a bien eu confiance
    en nous.
Il faut faire confiance à Dieu, il nous a bien fait confiance
    à nous.
Il faut faire espérance à Dieu, il nous a bien fait espérance
    à nous.
Il faut faire crédit à Dieu, il nous a bien fait crédit à nous.
Quel crédit.
Tous les crédits.
Il faut faire foi à Dieu, il nous a bien fait foi à nous.

Singulier mystère, le plus mystérieux,
Dieu a pris les devants.
Ou plutôt ce n'est pas un mystère propre, ce n'est pas
    un mystère particulier, c'est un mystère qui porte sur
    tous les mystères.
C'est un redoublement, c'est un agrandissement à l'infini
    de tous les mystères.
C'est un miracle. Un miracle perpétuel, un miracle
    d'avance, Dieu a pris les devants, un mystère de tous
    les mystères, Dieu a commencé.
Un miracle de tous les mystères, singulier, mystérieux
    retournement de tous les mystères.
Tous les sentiments, tous les mouvements que nous
    devons avoir pour Dieu,
Dieu les a eus pour nous, il a commencé de les avoir
    pour nous.
Singulier retournement qui court au long de tous les
    mystères,
Et les redouble, et les agrandit à l'infini,
Il faut avoir confiance en Dieu, mon enfant, il a bien eu
    confiance en nous.
Il nous a fait cette confiance de nous donner, de nous
    confier son fils unique.
(Hélas hélas pour ce que nous en avons fait.)
Retournement de tout c'est Dieu qui a commencé.
C'est Dieu qui nous a fait crédit, qui nous a fait confiance.
Qui nous fait créance, qui a eu foi en nous.

Cette confiance sera-t-elle mal placée, sera-t-il dit que
cette confiance aura été mal placée.

Dieu nous a fait espérance. Il a commencé. Il a espéré
que le dernier des pécheurs,
Que le plus infime des pécheurs au moins travaillerait
quelque peu à son salut,
Si peu, si pauvrement que ce fût.
Qu'il s'en occuperait un peu.
Il a espéré en nous, sera-t-il dit que nous n'espérerons
pas en lui.
Dieu a placé son espérance, sa pauvre espérance en cha-
cun de nous, dans le plus infime des pécheurs. Sera-
t-il dit que nous infimes, que nous pécheurs, ce sera
nous qui ne placerions pas notre espérance en lui.

Dieu nous a confié son fils, hélas hélas, Dieu nous a confié
notre salut, le soin de notre salut. Il a fait dépendre de
nous et son Fils et notre salut et ainsi son espérance
même; et nous ne mettrions pas notre espérance en lui.

Mystère des mystères, portant sur les mystères mêmes,
Il a mis en nos mains, en nos faibles mains, son espérance
éternelle,
En nos mains passagères.
En nos mains pécheresses.
Et nous, nous pécheurs, nous ne mettrions pas notre
faible espérance
En ses éternelles mains.

La parole de Dieu n'est point un écheveau embrouillé.
C'est un beau fil de laine qui s'empelote autour du fuseau.
Comme il nous a parlé, ainsi nous devons l'écouter.
Comme il a parlé à Moïse.
Comme il nous a parlé par Jésus.
Comme il nous a parlé tout ainsi nous devons l'entendre.

Or, mon enfant, s'il en est ainsi, si c'est ainsi que nous
devons entendre Jésus.

Que nous devons entendre Dieu.

Littéralement.

Au pied de la lettre.

Rigoureusement, simplement, pleinement, exactement, sainement.

Au ras du mur.

Alors mon enfant quel tremblement, quel commandement d'espérance.

Quelle ouverture, quel saisissement d'espérance. Quel écrasement. Les paroles sont là.

Il n'y a pas à ratiociner, quelle ouverture sur la pensée de Dieu.

Sur la volonté de Dieu.

Sur les intentions, (dernières), de Dieu.

Abîme d'espérance, quelle ouverture, quel éclair, quelle foudre, quelle avenue.

Quelle entrée.

Paroles irrévocables, quelle ouverture sur l'Espérance même de Dieu.

Dieu a daigné espérer en nous. Espérer que nous.

Révélation, quelle révélation incroyable. *Sic non est, Ainsi n'est pas.*

Espoir incroyable, espoir inespéré *Ainsi n'est pas Voluntas ante Patrem vestrum, la volonté devant votre Père, Qui in cœlis est. Qui est aux cieux.*

Ut pereat. Que périsse

Unus. Un seul

De ces petits. De pusillis istis.

Et il leur fit cette parabole, disant :

Quel homme de vous, qui a cent brebis ;

(Ceci est selon saint Luc);

Et s'il en perd une,

Est-ce qu'il ne renvoie pas, (ne laisse pas), *les quatre-vingt-dix-neuf dans le désert,*

Et ne va pas à celle-là,

quae perierat, *qui* **était** *périe, qui* **avait** *péri,*

C'était fait.

Jusqu'à ce qu'il la trouve ?

Et quand il l'a trouvée,
Il la place sur ses épaules se réjouissant ;

(Il la pose) sur ses épaules.

Et venant à la maison, il convoque, (il appelle), *ses amis et*
  ses voisins, leur disant :

Réjouissez-vous, (félicitez-vous), *avec moi, parce que j'ai*
  trouvé ma brebis qui avait péri ?

Je vous le dis,
Qu'il y aura autant de joie dans le ciel
Sur un pécheur faisant pénitence,
Que sur quatre-vingt-dix-neuf justes qui n'ont pas besoin de
  pénitence.

Or qu'est-ce que la pénitence, mon enfant, qu'est-ce
  qu'il y a donc dans la pénitence. Quelle est donc cette
  vertu secrète de la pénitence.
Mon enfant c'est singulier, c'est étrange, c'est inquiétant.
Qu'est-ce qu'il y a donc d'extraordinaire dans cette péni-
  tence.
Comme c'est inquiétant.
Quelle est cette vertu, ce secret, qu'est-ce qu'il faut donc
  qu'il y ait de si extraordinaire,
Dans la pénitence,
  pour que ce pécheur,
Pour que un vaille cent, ou enfin quatre-vingt-dix-neuf,
(Pour compter juste),
Pour que ce pécheur vaille autant,
Pour que ce pécheur, ce seul pécheur qui fait pénitence
  vaille autant, réjouisse, fasse autant de joie dans le ciel
  que quatre-vingt-dix-neuf justes qui n'ont pas besoin
  de pénitence.
Et pour que cette brebis égarée fasse tant de joie au
  pasteur,
Au bon pasteur,
Qu'il en laisse dans le désert, *in deserto,* dans un endroit
  abandonné,
Les quatre-vingt-dix-neuf qui ne s'étaient point égarées.
En quoi, quel est donc ce mystère,
En quoi un peut-il valoir quatre-vingt-dix-neuf.

Ne sommes-nous pas tous enfants de Dieu. Également
sur le même pied.

En quoi, comment, pourquoi une brebis vaut-elle quatre-
vingt-dix-neuf brebis.

Et surtout pourquoi c'est justement celle qui s'est égarée,
qui avait péri, qui vaut justement les quatre-vingt-
dix-neuf autres, les quatre-vingt-dix-neuf qui ne
s'étaient pas égarées.

Pourquoi, quel est ce mystère, quel est ce secret, c'est
suspect, comment, pourquoi, en quoi une âme vau-
drait-elle quatre-vingt-dix-neuf âmes, c'est un peu
fort.

C'est tout de même un peu fort, quand on y pense.

Quelle est cette manigance.

C'est justement cette âme qui était perdue, qui avait péri,
qui vaut autant, qui fait autant de joie dans le ciel
que ces quatre-vingt-dix-neuf autres.

Que ces quatre-vingt-dix-neuf qui ne s'étaient point
égarées.
Jamais.

Qui ne s'étaient point perdues, qui n'avaient point péri.
Jamais.

Qui étaient demeurées fermes.

C'est injuste. Quelle est cette invention, cette nouvelle
invention.

C'est injuste. Voilà une âme, (et c'est justement celle
qui s'était perdue), qui vaut autant, qui compte autant,
qui réjouit autant que ces quatre-vingt-dix-neuf
malheureuses qui étaient demeurées constantes.

Pourquoi; en quoi; comment. Voilà un qui pèse autant
dans la balance de Dieu que quatre-vingt-dix-neuf.

Qui pèse autant ? Peut-être qui pèse plus. En secret. On
ne sait jamais. J'ai bien peur. Secrètement on a l'im-
pression qu'il pèse plus, quand on lit cette parabole.

Donc voilà un pécheur, disons-le, qui pèse au moins
autant que quatre-vingt-dix-neuf justes.

Qui pèse même peut-être plus. On ne sait jamais. Quand
une fois on est entré dans l'injustice.

On ne sait plus où l'on va.

Disons le mot voilà un infidèle, il faut le dire, il ne faut
pas avoir peur du mot.

Qui vaut plus que cent, que quatre-vingt-dix-neuf fidèles.
Quel est ce mystère.

Quelle serait donc cette vertu extraordinaire de la péni-
tence.

Qui passerait cent fois la fidélité même.

Il ne faut pas nous en conter. Nous savons très bien ce
que c'est que la pénitence.

Un pénitent c'est un monsieur qui n'est pas très fier de
soi.

Qui n'est pas très fier de ce qu'il a fait.

Parce que ce qu'il a fait, il faut le dire, c'est le péché.

Un pénitent c'est un monsieur qui a honte de soi et de
son péché.

De ce qu'il a fait.

Qui voudrait bien se terrer.

Surtout qui voudrait bien ne pas l'avoir fait.

> Jamais.

Se cacher, se sauver de la face de Dieu.

Et qu'est-ce aussi que cette drachme qui vaut neuf
drachmes, à elle toute seule.

Qu'est-ce qu'elle vient faire.

Et pourtant c'est celui-là, nul autre, c'est cette brebis,
c'est ce pécheur, c'est ce pénitent, c'est cette âme

Que Dieu, que Jésus rapporte sur ses épaules, aban-
donnant les autres.

Enfin je veux dire (seulement) les laissant pendant ce
temps à elles-mêmes.

La pénitence, nous le savons, ça n'est déjà pas si brillant
que ça.

Ça n'est pas si reluisant.

(Il est vrai que Dieu ne quitte jamais personne).

C'est un sentiment honteux, je veux dire un sentiment
d'une honte.

D'une honte légitime et due.

En somme c'est un acte honteux.

La pénitence ça n'est déjà pas si malin que ça. Alors
quoi.

Non seulement ce pénitent en vaut un autre, non seu-
lement il vaut un juste, ce qui serait déjà un peu raide.

Mais il en vaut quatre-vingt-dix-neuf, il en vaut cent,
il vaut tout le troupeau.

Autant dire.

Dans le besoin on sent qu'il vaudrait plus et qu'on
l'aimerait davantage

> Dans le secret du cœur.

Dans le secret du cœur éternel. Alors quoi.
Mon enfant, mon enfant, tu le sais, quoi. C'est justement
cela.
C'est qu'elle avait péri; et qu'elle a été trouvée.
C'est qu'elle était morte; et qu'elle a revécu.
C'est qu'elle était morte et qu'elle est ressuscitée.

Puisqu'il faut tout prendre au pied de la lettre, mon
enfant,
Littéralement comme Jésus était mort et est ressuscité
d'entre les morts,
Ainsi cette brebis était perdue, ainsi cette brebis était
morte,
Ainsi cette âme était morte et de sa propre mort elle est
ressuscitée d'entre les mortes.

Elle a fait trembler le cœur même de Dieu.
Du tremblement de la crainte et du tremblement de
l'espoir.
Du tremblement même de la peur.
Du tremblement d'une inquiétude
Mortelle.
Et en suite, et ainsi, et aussi
De ce qui est lié à la crainte, à la peur, à l'inquiétude.
De ce qui suit la crainte, la peur, l'inquiétude.
De ce qui marche avec elles, de ce qui est lié à la crainte,
à la peur, à l'inquiétude
D'une liaison indéliable, d'une liaison indéfaisable,
Temporelle, éternelle, d'un indéfaisable lien
Elle a fait trembler le cœur de Dieu
Du tremblement même de l'espérance.
Elle a introduit au cœur même de Dieu la théologale
Espérance.

Voilà, mon enfant, quel secret. Voilà quel mystère.
Voilà quelle grandeur, (cachée), quelle source incroyable
de grandeur il y a dans cette pénitence.
Dans cette honteuse pénitence. Secrètement, publique-
ment honteuse et réellement

Peut-être la plus glorieuse de toutes. C'est qu'une péni
tence de l'homme
Est un couronnement d'une espérance de Dieu.

Cette honteuse pénitence, honteuse de soi, et qui ne sait
où se cacher,
Où cacher sa tête, honteuse, sa tête rouge de honte,
pourpre de honte,
Sa tête couverte de cendre et de terre,
En signe de honte et de repentir,
Où cacher sa honte et son péché.
Mais Dieu n'a point honte d'elle.
Car l'attente de cette pénitence,
L'attente anxieuse, l'espérance de cette pénitence
A fait jouer l'espérance au cœur de Dieu,
A fait surgir un sentiment nouveau,
Presque inconnu, comme inconnu, je sais bien ce que je
veux dire,
A fait sourdre, a fait battre un sentiment comme inconnu
au cœur même de Dieu.
Au cœur comme nouveau.
D'un Dieu comme nouveau. Je m'entends, je sais ce que
je veux dire.
D'un Dieu éternellement nouveau.

Et cette pénitence même
A été pour lui, en lui, le couronnement d'une espérance

Car tous les autres Dieu les aime en amour.
Mais cette brebis Jésus l'a aimée aussi en espoir.
Et tous les autres, tout le monde Dieu nous aime en
charité.
Mais le pécheur il y a eu un jour où Dieu l'a aimé en
espérance.

Il faut tout prendre au pied de la lettre, mon enfant. Dieu
a espéré, Dieu a attendu de lui.
Dieu, qui est tout, a eu quelque chose à espérer, de lui,
de ce pécheur. De ce rien. De nous. Il a été mis, à ce
point, il s'est mis à ce point, sur ce pied d'avoir à
espérer, à attendre de ce misérable pécheur.

Telle est la force de vie de l'espérance, mon enfant,
La force de vie, la promesse, la vie, la force de vie et de
  promesse qui source au cœur de l'espérance
Et qui rejaillit dans la pénitence même,
Dans la basse pénitence.

Telle la force unique de sève au cœur d'un chêne.

Nous sommes tous enfants de Dieu, mon enfant, égale-
  ment; sur le même pied.

Il faut tout entendre au pied de la lettre, mon enfant,
  littéralement cette âme qui a fait jouer l'espérance de
  Dieu, qui a couronné l'espérance de Dieu
Comme Jésus morte (plus morte que Jésus) de sa propre
  mort est ressuscitée d'entre les mortes.
(Plus morte que Jésus, infiniment plus morte, éternelle-
  ment plus morte, car elle était morte de la mort
  éternelle.)
Comme Jésus elle est ressuscitée d'entre les morts.
Et comme nous sonnons nos Pâques à toute volée pour
  célébrer la résurrection de Jésus,
Christ est ressuscité !
Ainsi Dieu pour chacune âme qui se sauve sonne pour
  nous des Pâques *éternelles.*

Et il dit : Je l'avais bien dit.

Singulier renversement, singulier retournement, c'est le
  monde à l'envers.
Vertu de l'espérance.
Tous les sentiments que nous devons avoir pour Dieu,
C'est Dieu qui a commencé de les avoir pour nous.
C'est lui qui s'est mis à ce point, sur ce pied, qui y a été
  mis, qui a souffert d'y être mis, à ce point, sur ce pied,
  de commencer de les avoir pour nous.
Singulière vertu de l'espérance, singulier mystère, elle
  n'est pas une vertu comme les autres, elle est une vertu
  contre les autres.
Elle prend le contre-pied de toutes les autres. Elle
  s'adosse pour ainsi dire aux autres, à toutes les autres.

Et elle leur tient tête. A toutes les vertus. A tous les
mystères.
Elle les remonte pour ainsi dire, elle va à contre-courant.
Elle remonte le courant des autres.
Elle n'est point une esclave, cette enfant est une forte tête.
Elle réplique pour ainsi dire à ses sœurs; à toutes les
vertus, à tous les mystères.
Quand ils descendent elle remonte, (c'est très bien fait),
Quand tout descend seule elle remonte et ainsi elle les
double, elle les décuple, elle les agrandit à l'infini.

C'est elle qui a fait ce renversement, ce retournement le
plus fort de tout,
(C'est peut-être ce qu'elle a fait de plus fort),
(Qui eût cru que tant de pouvoir, qu'un pouvoir
suprême était donné à cette petite
Espérance)
Ce retournement que tout ce que nous devons faire pour
Dieu,
C'est Dieu qui prend les devants, qui commence de le
faire pour nous.
Tout ce que nous devons lui dire, lui faire, faire envers
lui.
Et tout ce que nous devons avoir pour Dieu,
C'est Dieu qui commence par l'avoir pour nous.

Celui qui aime se met, par cela même,
Par cela seulement, dès par cela dans la dépendance,
Celui qui aime tombe dans la servitude de celui qui est
aimé.
C'est l'habitude, c'est la loi commune.
C'est fatal.
Celui qui aime tombe, se met sous la servitude, sous un
joug de servitude.
Il dépend de celui qu'il aime.
C'est pourtant cette situation-là, mon enfant, que Dieu
s'est faite, en nous aimant.
Dieu a daigné espérer en nous, puisqu'il a voulu espérer
de nous, attendre de nous.
Situation misérable, (en) récompense de quel amour,
Gage, rançon de quel amour.

Singulière récompense. Et qui était dans la condition,
dans l'ordre même, dans la nature de cet amour.
Il s'est mis dans cette singulière situation, retournée,
dans cette misérable situation que c'est lui qui attend
de nous, du plus misérable pécheur.
Qui *espère* du plus misérable pécheur.
Qui ainsi dépend du plus misérable pécheur.
Et nous.
Voilà où il s'est laissé conduire, par son grand amour,
voilà où il s'est mis, où il a été mis, où enfin il s'est
laissé mettre.
Voilà où il en est, où il est.
Où nous devons être, c'est lui qui s'est mis.
A ce point, sur ce pied.
Qu'il a à craindre, à espérer, enfin à attendre du dernier
des hommes.
Qu'il est aux mains du dernier des pécheurs.
(Mais le corps de Jésus, dans toute église, n'est-il pas
aux mains du dernier des pécheurs.
A la merci du dernier des soldats.)
Qu'il a à redouter, tout, de nous.
(Qu'il ait à redouter, c'est déjà trop, c'est déjà tout),
(Si peu que ce fût, et ici c'est tout)
(Si peu que ce fût, quand ce ne serait presque rien, rien
pour ainsi dire)
Telle est la situation où Dieu par la vertu de l'espérance
Pour faire le jeu de l'espérance,
S'est laissé mettre
En face du pécheur.
Il craint de lui, puisqu'il craint pour lui.
Tu comprends, je dis : Dieu craint du pécheur, puisqu'il
craint pour le pécheur.
Quand on craint pour quelqu'un, on craint de ce quel-
qu'un.
C'est à cette loi commune que Dieu s'est laissé mettre.
Et soumettre.
A ce niveau commun.
C'est à cette loi commune qu'il a souffert d'être mis.
Il faut qu'il attende le bon plaisir du pécheur.
Il s'est mis sur ce pied.
Il faut qu'il espère dans le pécheur, en nous.
Il faut, c'est insensé, il faut qu'il espère que *nous nous*
sauvions.

Il ne peut rien faire sans nous.
Il faut qu'il écoute nos fantaisies.
Il faut qu'il attende que monsieur le pécheur veuille bien
un peu penser à son salut.

Voilà la situation que Dieu s'est faite.
Celui qui aime tombe sous la servitude de celui qui est
aimé.
Par-là même.
Celui qui aime tombe sous la servitude de celui qu'il
aime.
Dieu n'a pas voulu échapper à cette loi commune.
Et par son amour il est tombé dans la servitude du
pécheur.

Retournement de la création, c'est la création à l'envers.
Le Créateur à présent dépend de sa créature.
Celui qui est tout s'est mis, a souffert d'être mis, s'est
laissé mettre sur ce niveau.
Celui qui est tout dépend, attend, espère de ce qui n'est
rien.
Celui qui peut tout dépend, attend, espère de ce qui ne
peut rien,
(Et qui peut tout, hélas, car on lui a tout remis,
On lui a tout confié,
On lui a tout donné,
On lui a tout remis, en mains, dans ses mains péche-
resses,
En confiance,
En espérance,
On lui a tout permis.
En toute confiance.
On lui a remis, on lui a permis son propre salut, le corps
de Jésus, l'espérance de Dieu.
Dieu s'est mis sur ce pied. Comme la plus misérable
créature a pu librement
Souffleter librement la face de Jésus,
Ainsi la dernière des créatures peut faire mentir Dieu
Ou lui faire dire vrai.
Effrayante remise.
Effrayant privilège, effrayante responsabilité.
Comme Jésus dans les siècles des siècles a remis son
corps

Dans les pauvres églises
A la discrétion du dernier des soldats,
Ainsi Dieu dans les siècles des siècles a remis son espé-
    rance
A la discrétion du dernier des pécheurs.
Comme la victime se rend aux mains du bourreau,
    Ainsi Jésus s'est livré en nos mains.
Comme la victime se livre au bourreau,
    Ainsi Jésus s'est livré à nous.
Et comme le prisonnier se livre au gardien de prison,
    Ainsi Dieu s'est livré à nous.
Comme le dernier des misérables a pu souffleter Jésus,
    Et il fallait qu'il en fût ainsi,
Ainsi le dernier des pécheurs, un malheureux infirme,
Le plus infime des pécheurs peut faire avorter, peut faire
    faire aboutir
        Une espérance de Dieu;
Le plus infime des pécheurs peut découronner, peut
    couronner
        Une espérance de Dieu.

Et c'est de nous que Dieu attend
    Le couronnement ou le découronnement d'une espé-
        rance de lui.

Effrayant amour, effrayante charité,
Effrayante espérance, responsabilité vraiment effrayante,
Le Créateur a besoin de sa créature, s'est mis à avoir
    besoin de sa créature.
Il ne peut rien faire sans elle.
C'est un roi qui aurait abdiqué aux mains de chacun de
    ses sujets
Simplement le pouvoir suprême.
Dieu *a besoin* de nous, Dieu *a besoin* de sa créature.
Il s'est pour ainsi dire condamné ainsi, condamné à cela.
Il manque de nous, il manque de sa créature.
Celui qui est tout a besoin de ce qui n'est rien.
Celui qui peut tout a besoin de ce qui ne peut rien.
Il a remis ses pleins pouvoirs.
Celui qui est tout n'est rien sans celui qui n'est rien.
Celui qui peut tout ne peut rien sans celui qui ne peut
    rien.

Ainsi la jeune espérance
Reprend, remonte, refait,
Redresse tous les mystères
Comme elle redresse toutes les vertus.

Nous pouvons lui manquer.
Ne pas répondre à son appel.
Ne pas répondre à son espérance. Faire défaut. Manquer.
    Ne pas être là.
Effrayant pouvoir.
Les calculs de Dieu par nous peuvent ne pas tomber
    juste.
Les prévisions, les prévoyances, les providences de Dieu
Par nous peuvent ne pas tomber juste,
Par la faute de l'homme pécheur.
Les conseils de Dieu par nous peuvent manquer.
La sagesse de Dieu par nous peut défaillir.
Effrayante liberté de l'homme.
Nous pouvons faire tout manquer.
Nous pouvons être absents.
Ne pas être là le jour qu'on nous appelle.
Nous pouvons ne pas répondre à l'appel
(Excepté dans la vallée du Jugement)
Effrayante faveur.
Nous pouvons manquer à Dieu.
Voilà le cas où il s'est mis,
Le mauvais cas.
Il s'est mis dans le cas d'avoir besoin de nous.
Quelle imprudence. Quelle confiance.
Bien, mal placée, cela dépend de nous.
Quelle espérance, quelle opiniâtreté, quel parti-pris,
    quelle force incurable d'espérance.
En nous.
Quel dépouillement, de soi, de son pouvoir.
Quelle imprudence.
Quelle imprévision, quelle imprévoyance,
Quelle improvidence
    de Dieu
Nous pouvons faire défaut.
Nous pouvons faire faute.

Nous pouvons être défaillants.
Effrayante faveur, effrayante grâce.
Celui qui fait tout s'adresse à celui qui ne peut rien faire.
Celui qui fait tout a besoin de celui qui ne fait rien.
Et comme nous sonnons à toutes volées nos Pâques,
A pleine volée,
Dans nos pauvres, dans nos triomphantes églises,
Dans le soleil et le beau temps du jour de Pâques,
Ainsi Dieu pour chacune âme qui se sauve
Sonne à pleine volée des Pâques éternelles.
Et dit : Hein, je ne m'étais pas trompé.
J'avais raison d'avoir confiance dans ce garçon-là.
C'était une bonne nature. Il était de bonne race.
Fils de bonne mère. C'était un Français.
J'ai eu raison de lui faire confiance.
Et nous nous avons nos dimanches,
Notre beau dimanche, le dimanche de Pâques,
Et le lundi de Pâques,
Et même le mardi de Pâques, qui est aussi fête,
Tellement la fête est grande.
(C'est la fête de saint Loup).
Mais Dieu a aussi ses dimanches dans le ciel.
Son dimanche de Pâques.
Et il a aussi des cloches, quand il veut.

Et qu'est-ce que c'est aussi que ces dix drachmes.
Qui est comme qui dirait dix livres parisis.
Qu'est-ce que c'est encore que cette affaire des dix
    drachmes.
Qu'est-ce qu'elle vient faire ici cette drachme qui en
    vaut neuf autres.
Drôle de calcul, comme qui dirait une livre parisis qui
    vaut neuf autres livres parisis,
Neuf autres de la même. Quelle drôle d'arithmétique.
C'est pourtant ainsi, mon enfant, que sont faits les
    comptes de Dieu.

Ainsi étaient faits, mon enfant, les comptes de Jésus.
    Il est indéniable; il ne fait aucun doute qu'il y a deux
    races de saints dans le ciel.
Deux sortes de saints.

(Heureusement qu'ils font bon ménage ensemble.)

De même que les soldats du roi et les capitaines

Sont d'une race ou d'une autre mais sont tous des Français.

Et ils font tout de même une seule armée.

Et ils sont tous les soldats (de l'armée) du roi, et les capitaines.

Mais enfin ils proviennent d'une province ou d'une autre.

Ou d'une marche. Les uns de l'une, les autres de l'autre.

Ou d'outre-Loire ou de par ici de la Loire.

Ainsi, (et autrement), il faut le dire il y a, il faut dire le mot il y a deux races de saints dans le ciel.

Deux races temporelles.

Deux sortes de saints.

Tout le monde est pécheur. Tout homme est pécheur. Mais enfin il y a deux grandes races, il y a deux recrutements.

Il y a un double recrutement des saints qui sont dans le ciel.

Il y a ceux qui viennent, il y a ceux qui sortent des justes.

Et il y a ceux qui sortent des pécheurs.

Et c'est une entreprise difficile.

C'est une entreprise impossible à l'homme.

Que de savoir quels sont les plus grands saints.

Ils sont tellement grands les uns et les autres.

Il y a deux extractions (et tous pourtant, ensemble, également ils sont des saints dans le ciel. Sur le même pied) (Des saints de Dieu)

Il y a deux extractions, ceux qui viennent des justes et ceux qui viennent des pécheurs.

Ceux qui n'ont jamais inspiré d'inquiétudes sérieuses

Et ceux qui ont inspiré une inquiétude

Mortelle.

Ceux qui n'ont pas fait jouer l'espérance et ceux qui ont fait jouer l'espérance.

Ceux dont on n'a jamais rien craint, rien redouté de sérieux, et ceux dont on a failli désespérer, Dieu nous en garde.

Quel grand combat.

Ceux dont on n'a jamais rien entendu dire.
Et ceux dont on a entendu dire
La parole
Mortelle.

Il y a deux formations, il y a deux extractions, il y a deux
    races de saints dans le ciel.
Les saints de Dieu sortent de deux écoles.
De l'école du juste et de l'école du pécheur.
De la vacillante école du péché.
Heureusement que c'est toujours Dieu qui est le maître
    d'école.

Il y a ceux qui viennent des justes et il y a ceux qui
    viennent des pécheurs.
Et ça se reconnaît.
Heureusement qu'il n'y a aucune jalousie dans le ciel.
    Au contraire.
Puisqu'il y a la communion des saints.
Heureusement qu'ils ne sont point jaloux les uns des
    autres. Mais tous ensemble au contraire ils sont liés
    comme les doigts de la main.
Car tous ensemble ils passent tout leur temps toute leur
    sainte journée ensemble à comploter contre Dieu.
Devant Dieu.
Pour que pied à pied la Justice
Pas à pas cède le pas à la Miséricorde.

Ils font violence à Dieu. Comme des bons soldats ils
    luttent pied à pied,
(Ils font la guerre à la justice.
Ils sont bien forcés)
Pour le salut des âmes périclitantes.
Ils tiennent bon. Tout mus, tout animés d'espérance,
Hardis contre Dieu,
(Mais aussi ils en ont un appui, un patronage, une haute
    protection.
Quel patron, mes enfants, et quelle patronne.)
Quel (autre) complot au-dessus d'eux, couvrant leur
    grand complot,
Patronnant leur grand complot.

Quelle avocate auprès de Dieu.

(*Advocata nostra*).

Car nos patrons et nos saints, nos patrons les saints

Ont eux-mêmes un patron et une patronne.

Un saint et une sainte.

Qui est autant

(Et septante fois autant) au-dessus d'eux qu'ils sont au-
dessus de nous

Eux-mêmes.

Qui est pour eux ce qu'ils sont pour nous, et septante
fois ce qu'ils sont pour nous.

Telle est la folie de l'espérance.

Et couverts, encouragés par ce haut complot,

Par la protection de ce haut complot,

Tout nourris d'espérance ils tiennent bon comme des
bons soldats.

Ils luttent pied à pied, ils défendent le terrain pied à pied.

On ne peut imaginer tout ce qu'ils font, tout ce qu'ils
inventent

Pour le salut des âmes périclitantes.

Lambeau à lambeau ils vous arrachent

Au royaume de perdition

Une âme en danger.

Ainsi Dieu n'a pas voulu,

Il ne lui a pas plu,

Que dans le concert il n'y eût qu'une voix.

Il n'a pas plu à sa sagesse.

Et à son contentement.

Il n'a pas voulu être loué d'une seule voix.

Par un seul chœur

Et combattu.

Mais comme dans une église de campagne il y a plusieurs
voix

Qui louent Dieu.

Par exemple les hommes et les femmes.

Ou encore les hommes et les enfants.

Ainsi dans le ciel il a plu, il a été agréable à sa sagesse.

Et à son contentement.

D'être loué, d'être chanté, d'être combattu par deux voix.

Par deux langages, par deux chœurs.

Par les anciens justes et par les anciens pécheurs.

Pour que pied à pied la Justice reculât
   Devant la Miséricorde.
Et que la Miséricorde avance.
   Et que la Miséricorde gagne.
Car s'il n'y avait que la Justice et si la Miséricorde ne s'en
   mêlait pas,
Qui serait sauvé.

Ou quelle femme ayant dix drachmes,
(C'est encore selon saint Luc, mon enfant,
Si elle a perdu une drachme,
Si elle en perd une,
Est-ce qu'elle n'allume pas sa chandelle,
Et balaye sa maison,
Et cherche diligemment,
Jusqu'à ce qu'elle trouve ?

Et quand elle a trouvé,
Elle convoque ses amies et ses voisines,
(Ils convoquent tout le temps leurs amis et leurs voisins,
   dans ces paraboles),
Disant :
Réjouissez-vous avec moi,
Parce que j'ai trouvé la drachme que j'avais perdue.

Ainsi je vous le dis,
Il y aura de la joie devant les anges de Dieu,
Sur un pécheur faisant pénitence.

Il y avait une grande procession; en tête s'avançaient
   les trois Similitudes;
   la parabole de la brebis égarée;
   la parabole de la drachme égarée;
   la parabole de l'enfant égaré.

Or autant qu'un enfant est plus cher qu'une brebis,
Et infiniment plus cher qu'une drachme,
Autant qu'un enfant est plus cher au cœur du père,
(De son père qui est en même temps, qui est déjà, d'abord,
   qui est premièrement son pasteur),

Qu'une brebis même n'est chère au cœur du (bon) pasteur,
Autant la troisième Similitude,
Autant la parabole de l'enfant égaré
Est encore plus belle si possible et plus chère,
Est encore plus grande que les deux Similitudes anté-
     cédentes,
Que la parabole de la brebis égarée,
Et que la parabole de la drachme égarée.

Toutes les paraboles sont belles, mon enfant, toutes les
     paraboles sont grandes, toutes les paraboles sont
     chères.
Toutes les paraboles sont la parole et le Verbe,
La parole de Dieu, la parole de Jésus.
Elles sont toutes également, elles sont toutes ensemble
La parole de Dieu, la parole de Jésus.
Sur le même pied.
(Dieu s'est mis dans ce cas, mon enfant,
Dans ce mauvais cas,
D'avoir besoin de nous)
Toutes elles viennent du cœur, également, et elles vont
     au cœur,
Elles parlent au cœur.
Mais entre toutes les trois paraboles de l'espérance
S'avancent,
Et entre toutes elles sont grandes et fidèles, entre toutes
     elles sont pieuses et affectueuses, entre toutes elles
     sont belles, entre toutes elles sont chères et près du
     cœur.
Entre toutes elles sont près du cœur de l'homme, entre
     toutes elles sont chères au cœur de l'homme.
Elles ont on ne sait quelle place à part.
Elles ont peut-être en elles on ne sait quoi qui n'est pas,
     qui ne serait pas dans les autres.
C'est peut-être qu'elles ont en elles comme une jeunesse,
     comme une enfance ignorée.
Insoupçonnée ailleurs.
Entre toutes elles sont jeunes, entre toutes elles sont
     fraîches, entre toutes elles sont enfants, entre toutes
     elles sont inusées.
Invieillies.
Non usées, non vieillies.

Depuis treize et quatorze siècles, qu'elles servent, et
    depuis deux mille ans, et dans les siècles des siècles
    jeunes comme au premier jour.
Fraîches, innocentes, ignorantes,
Enfants comme au premier jour.
Et depuis treize cents ans qu'il y a des chrétiens et
    quatorze cents ans,
Ces trois paraboles, (que Dieu nous pardonne),
Ont une place secrète dans le cœur.
Et que Dieu nous pardonne tant qu'il y aura des chré-
    tiens,
Aussi longtemps c'est-à-dire éternellement,
Dans les siècles des siècles il y aura pour ces trois para-
    boles
Une place secrète dans le cœur.

Et toutes les trois elles sont les paraboles de l'espérance.
Ensemble.
Également jeunes, également chères.
Entre elles.
Sœurs entre elles comme trois enfants toutes jeunes.
Également chères, également secrètes.
Secrètement aimées. Également aimées.
Et comme plus intérieures que toutes les autres.
Répondant comme à une voix intérieure plus profonde.
Mais entre toutes; entre toutes les trois voici la troisième
    parabole qui s'avance.
Et celle-là, mon enfant, cette troisième parabole de
    l'espérance,
Non seulement elle est neuve comme au premier jour.
Comme les deux autres
Ses sœurs.
Et dans les siècles elle sera neuve,
Aussi neuve jusqu'au dernier jour.
Mais depuis quatorze cents, depuis deux mille ans qu'elle
    sert,
Et qu'elle fut contée à des hommes innombrables,
(Depuis cette première fois qu'elle fut contée),
A des chrétiens innombrables,
A moins d'avoir un cœur de pierre, mon enfant, qui
    l'entendrait sans pleurer.

Depuis quatorze cents, depuis deux mille ans elle a fait
pleurer des hommes innombrables.
Dans les siècles et dans les siècles.
Des chrétiens innombrables.
Elle a touché dans le cœur de l'homme un point unique,
un point secret, un point mystérieux.
(Elle a touché au cœur.)
Un point inaccessible aux autres.
On ne sait quel point comme plus intérieur et plus
profond.
Des hommes innombrables, depuis qu'elle sert, des chré-
tiens innombrables ont pleuré sur elle.
(A moins d'avoir un cœur de pierre.)
Ont pleuré par elle.
Dans les siècles des hommes pleureront.
Rien que d'y penser, rien que de la voir qui pourrait,
Qui saurait retenir ses larmes.
Dans les siècles, dans l'éternité des hommes pleureront
sur elle; par elle,
Fidèles, infidèles.
Dans l'éternité jusqu'au jugement.
Au jugement même, dans le jugement. Et
C'est la parole de Jésus qui a porté le plus loin, mon
enfant.
C'est celle qui a eu la plus haute fortune
Temporelle. Éternelle.
Elle a éveillé dans le cœur on ne sait quel point de
répondance
Unique.
Aussi elle a eu une fortune
Unique.
Elle est célèbre même chez les impies.
Elle y a trouvé, là-même, un point d'entrée.
Seule peut-être elle est restée plantée au cœur de
l'impie
Comme un clou de tendresse.
Or il dit : Un homme avait deux fils :
Et celui qui l'entend pour la centième fois,
C'est comme si c'était la première fois.
Qu'il l'entendrait.
Un homme avait deux fils. Elle est belle dans Luc. Elle est
belle partout.
Elle n'est que dans Luc, elle est partout.

Elle est belle sur la terre et dans le ciel. Elle est belle
    partout.
Rien que d'y penser, un sanglot vous en monte à la
    gorge.
C'est la parole de Jésus qui a eu le plus grand reten-
    tissement
Dans le monde.
Qui a trouvé la résonance la plus profonde
Dans le monde et dans l'homme.
Au cœur de l'homme.

Au cœur fidèle, au cœur infidèle.

Quel point sensible a-t-elle trouvé
Que nulle n'avait trouvé avant elle,
Que nulle n'a trouvé, (autant), depuis.
Quel point unique,
Insoupçonné encore,
Inobtenu depuis.
Point de douleur, point de détresse, point d'espérance.
Point douloureux, point d'inquiétude.
Point de meurtrissure au cœur de l'homme.
Point où il ne faut pas appuyer, point de cicatrice, point
    de couture et de cicatrisation.
Où il ne faut pas que l'on appuie.

Point unique, fortune unique, force unique d'attache.
Attachement unique, liaison du cœur fidèle.
Et du cœur infidèle.
Toutes les paraboles sont belles, mon enfant, toutes les
    paraboles sont grandes.
Et notamment les trois paraboles de l'espérance.
Et toutes les trois paraboles de l'espérance en outre sont
    jeunes, mon enfant.
Mais sur celle-ci des centaines et des milliers d'hommes
    ont pleuré.
Des centaines de milliers d'hommes.
Par celle-ci.
Battus des mêmes sanglots pleuré les mêmes larmes.
Fidèles, infidèles.
Se recommençant les unes les autres.

Les mêmes.
Roulés des mêmes sanglots.
Dans une communion de larmes.
Couchés, penchés, soulevés des mêmes sanglots pleuré
  les mêmes larmes.
Fidèles, infidèles.
Secoués des mêmes sanglots.
Pleuré comme des enfants.

Un homme avait deux fils. De toutes les paraboles de Dieu
C'est celle qui a éveillé l'écho le plus profond.
Le plus ancien.
Le plus vieux, le plus neuf.
Le plus nouveau.
Fidèle, infidèle.
Connu, inconnu.
Un point d'écho unique.
C'est la seule que le pécheur n'a jamais fait taire dans
  son cœur.
Quand une fois cette parole a mordu au cœur
Le cœur infidèle et le cœur fidèle,
Nulle volupté n'effacera plus
La trace de ses dents.
Telle est cette parole. C'est une parole qui accompagne.
Elle suit comme un chien
Que l'on bat, mais qui reste.
Comme un chien maltraité, qui revient toujours.
Fidèle elle reste, elle revient comme un chien fidèle.
Vous avez beau lui donner des coups de pied et des
  coups de bâton.
Fidèle elle-même d'une fidélité
Unique,
Ainsi elle accompagne l'homme dans ses plus grands
Débordements.
C'est elle qui enseigne que tout n'est pas perdu.
Il n'entre pas dans la volonté de Dieu
Qu'un seul de ces petits périsse.
C'est un chien fidèle
Qui mord et qui lèche
Et les deux retiennent
Le cœur inconstant.
Quand le pécheur s'éloigne de Dieu, mon enfant,

A mesure qu'il s'éloigne, à mesure qu'il s'enfonce dans
les pays perdus, à mesure qu'il se perd.
Il jette au bord du chemin, dans la ronce et dans les
pierres
Comme inutiles et embarrassants et qui l'embêtent les
biens les plus précieux. Les biens les plus sacrés.
La parole de Dieu, les plus purs trésors.
Mais il y a une parole de Dieu qu'il ne rejettera point.
Sur laquelle tout homme a pleuré tant de fois.
Sur laquelle, par la vertu de laquelle. Par laquelle
Et il est comme les autres, il a pleuré aussi.
Il est un trésor de Dieu, quand le pécheur s'éloigne
Dans les ténèbres grandissantes,
Quand des ténèbres
Croissantes
Voilent ses yeux il est un trésor de Dieu qu'il ne jettera
point aux ronces de la route.
Car c'est un mystère qui suit, c'est une parole qui suit
Dans les plus grands
Éloignements.
On n'a pas besoin de s'occuper d'elle, et de la porter.
C'est elle.
Qui s'occupe de vous et de se porter et de se faire porter.
C'est elle qui suit, c'est une parole à la suite, c'est un
trésor qui accompagne.
Les autres paroles de Dieu n'osent pas accompagner
l'homme
Dans ses plus grands
Débordements.
Mais en vérité celle-ci est une dévergondée.
Elle tient l'homme au cœur, en un point qu'elle sait, et
ne le lâche pas.
Elle n'a pas peur. Elle n'a pas honte.
Et si loin qu'aille l'homme, cet homme qui se perd,
En quelque pays,
En quelque obscurité,
Loin du foyer, loin du cœur,
Et quelles que soient les ténèbres où il s'enfonce,
Les ténèbres qui voilent ses yeux,
Toujours une lueur veille, toujours une flamme veille,
un point de flamme.
Toujours une lumière veille qui ne sera jamais mise sous
le boisseau. Toujours une lampe.

Toujours un point de douleur cuit. *Un homme avait deux fils*. Un point qu'il connaît bien.
Dans la fausse quiétude un point d'inquiétude, un point d'espérance. Toutes les autres paroles de Dieu sont pudiques. Elles n'osent point accompagner l'homme dans les hontes du péché.
Elles ne sont pas assez avant.
Dans le cœur, dans les hontes du cœur.
Mais celle-ci en vérité n'est pas honteuse.
On peut dire qu'elle n'a pas froid aux yeux.
C'est une petite sœur des pauvres qui n'a pas peur de manier un malade et un pauvre.
Elle a pour ainsi dire
Et même réellement porté un défi au pécheur.
Elle lui a dit : Partout où tu iras, j'irai.
On verra bien.
Avec moi tu n'auras pas la paix.
Je ne te laisserai pas la paix.
Et c'est vrai, et lui le sait bien. Et au fond il aime son persécuteur.
Tout à fait au fond, très secrètement.
Car tout à fait au fond, au fond de sa honte et de son péché il aime (mieux) ne pas avoir la paix. Cela le rassure un peu.

Un point douloureux demeure, un point de pensée, un point d'inquiétude. Un bourgeon d'espérance.
Une lueur ne s'éteindra point et c'est
la Parabole troisième,
la tierce parole de l'espérance. *Un homme avait deux fils.*

Il y avait une grande procession. En tête les trois Similitudes
s'avançaient. La foi, dit Dieu, ça n'est pas malin.
Tout le monde croit. Je voudrais bien voir comment ils feraient autrement.
Oui je voudrais savoir comment ils feraient pour ne pas croire.
Comment ils s'y prendraient.
J'éclate tellement dans ma création.
Jusque dans les gouffres de la mer et dans les abîmes salés.

Dans les profondeurs des gouffres.
Dans les éclairs et dans la foudre d'un ciel d'orage,
Quand le ciel est lourdement chargé,
Qui sont comme une déchirure du ciel.
En zig-zag.
Et dans le fracas du tonnerre qui est un déchirement du
    ciel.
Et dans le roulement d'un tonnerre lointain.
Dans le roulement et le déroulement d'un tonnerre
Et dans les jours si beaux quand il ne fait pas un souffle
    de vent
En mai.

A moins d'être aveugles comment feraient-ils pour ne
    pas me voir.
La charité, dit Dieu, ça n'est pas malin. Ça ne m'étonne
    pas non plus.
Ces pauvres enfants sont si malheureux qu'à moins
    d'avoir un cœur de pierre
Comment n'auraient-ils pas charité de leurs frères.
Comment n'auraient-ils pas charité les uns des autres.

Mais l'espérance, dit Dieu, *(un homme avait deux fils)*,
    que ces pauvres enfants voient tous les jours comme
    ça va.
Et que tous les jours ils croient que ça ira mieux le len-
    demain matin.
Justement le lendemain matin.
Tous les jours depuis qu'il y a des jours.
Et qu'un soleil se lèvera meilleur.
Que tous les matins en se levant ils croient que la journée
    sera bonne.
Cette journée.
Et que tous les soirs en se couchant ils croient que le
    lendemain.
Que justement le lendemain, que le jour du lendemain
Sera, fera une bonne journée.
Depuis tant de temps qu'il y a des jours.
Et que ça recommence.
Que tous les démentis ne comptent pas, tant de démentis
    qu'ils reçoivent précisément tous les jours.

Que les démentis ne soient comme rien, ne les arrêtent
pas, que les démentis de tous les jours,
Innombrables comme les jours,
Innombrables dans les innombrables jours que les
démentis
Ne les désabusent pas de cette idée, de cette conviction
absurde
Que le jour d'aujourd'hui sera un jour meilleur,
Un autre jour, un jour nouveau, un jour frais, un jour
neuf,
Un jour levant,
Bien lavé,
Un jour enfin, une bonne journée,
Enfin,
Un jour pas comme les autres,
Après tant d'autres qui étaient tous les uns comme les
autres,
Qu'il a même oubliés.
Oubliés aussitôt que passés.
Oubliés aussitôt que touchés.
Oubliés aussitôt que eus.
Qu'ils croient que ce matin eh bien ça va marcher.
Que ça va aller.
Qu'ils croient quand même, que ce matin, ça va bien,
Ça ça me confond.
Ça ça me passe.
Et je n'en reviens pas moi-même.
Et il faut que ma grâce soit tellement grande[1].

Et qu'ils oublient instantanément les jours mauvais.
A mesure. Aussitôt.
Presque avant. Presque d'avance.
Qu'ils étouffent pour ainsi dire comme d'avance dans
leur mémoire les jours mauvais
Qu'ils absorbent les jours mauvais presque avant qu'ils
soient passés.
Avant qu'ils soient écoulés.
Avant qu'ils soient échus.
Avant qu'ils soient tombés.
Comme une terre ardente qui absorberait les ingratitudes
du ciel.

Qu'ils boivent les jours mauvais pour ainsi dire plus vite
que les jours mauvais ne pleuvent.
Plus tôt.
Les jours mauvais qui pleuvent comme une pluie d'au-
tomne.
Comme une pluie grise, comme une infatigable pluie,
Impitoyable,
Tombant, descendant d'un ciel rayé.
Plus que d'un ciel gris.
Comme une oblique pluie infatigable.
Qu'ils absorbent tout ce qui tombe comme une bonne
terre de Lorraine,
Comme une terre généreuse et saine,
Bien juste, bien à point, bien meuble,
boit tout ce qui tombe et ne se laisse pas envahir en
marais et en marécages.
Et en mares et en bas-fonds et en marécages pleins de
boue et de vase,
Et du limon de l'âme et de plantes poisseuses
Et vaseuses.
Et de bêtes visqueuses. Gluantes.
Mais qu'au contraire de tout ce qui tombe et des innom-
brables pluies et des jours mauvais innombrables
Aussitôt, instantanément, presque avant ils fassent une
eau courante.
Une eau vive, une eau claire, une eau douce.
Une belle eau transparente.
Une eau pure et qui jaillit et qui coule en ces prés
Aux rives de Meuse.
Une belle eau lorraine, une âme d'une belle eau et la
source même de l'espérance.
Que ce soit juste avec cette matière, avec ces innom-
brables jours mauvais qui pleuvent et qui pleuvent
Qu'ils fassent, qu'ils jaillissent, qu'ils fassent sortir,
qu'ils fassent jaillir cette source même de l'espérance.
Cette innombrable source et ce fleuve innombrable.
Ce fleuve le plus grand de tous mes fleuves.
Le seul grand.
Voilà ce que j'admire, moi, qui m'y connais pourtant.
Et qui connais ma création. Et l'œuvre des Six Jours.
Et le repos du Sept.
Voilà ce qui m'étonne. Et pourtant je ne suis pas facile
à étonner.

Je suis si vieux. J'en ai tant vu. J'en ai tant fait.
Voilà ce qui me passe et je n'en reviens pas moi-même.
Et il faut que ma grâce soit tellement grande.

Les jours mauvais pleuvent; sans se presser; sans se
    lasser; l'heure après l'heure, le jour après le jour.
    Les jours mauvais pleuvent.
Et de toute cette eau qui glisse inlassable du ciel, (d'un
    ciel qu'ils pourraient dire mauvais),
De toute cette eau qui glisse par terre, de toute cette
    pluie oblique,
    (D'autres en feraient des marais et des marécages
        pleins de fièvres et tout peuplés de sales bêtes
        dégoûtantes).
Mais eux, la bonne terre, ma terre meuble et bien cultivée.
Bien aménagée.
Ma bonne terre d'âmes, bien labourée par mon Fils
    depuis des siècles et des siècles,
Ma bonne terre saine de Lorraine ils recueillent toute
    cette eau qui tombe.
Et merveille ils n'en font point des marais et des boues
    et des vases.
Et des algues et des scolopendres et des plantes bizarres.
Mais merveille c'est cette eau même qu'ils recueillent
    et ils n'en sont point embarrassés.
Car merveille c'est de cette eau même qu'ils font jaillir
    la source.

C'est cette eau, c'est la même eau qui court au ras des
    prés.
C'est la même eau saine qui monte aux tiges du blé pour
    le Pain.
C'est la même eau saine qui monte aux sarments pour
    le Vin,
C'est la même eau saine qui monte en l'un et l'autre bour-
    geon, et l'un et l'autre bourgeonnement,
En l'une et l'autre Loi.
C'est la même eau, recueillie, c'est la même eau, saine,
    assainie, qui fait le tour du monde.
Qui revient, qui reparaît, qui a fait tout le tour de ma
    création.
C'est la même eau recueillie qui rejaillit, qui ressource.

Dans la nouvelle fontaine, dans le rejaillissement jeune.
Dans la source et le ressourcement de l'espérance.

Vraiment, dit Dieu, mon Fils m'a fait de très bons jar-
    diniers
Depuis quatorze siècles qu'il ameublit cette terre d'âmes.
Depuis quatorze siècles que mon Fils laboure et cultive
    cette terre,
Il m'a fait de très bons laboureurs et cultivateurs.
Et des moissonneurs et des vignerons. Des fins vignerons.
Ces jours mauvais qui pleuvent et qui pleuvent et qui
    partout ailleurs empoisonneraient des pays entiers.
Des nations, des peuples entiers, des créations entières.
Ces pluies et ces pluies qui partout ailleurs envahiraient,
Envaseraient d'un limon crasseux la terre végétale,
Noieraient toute pousse et bourgeonnement
Sous les varechs et les vers de vase.
Tous ces jours mauvais qui pleuvent et pleuvent
Partout ailleurs inonderaient, noieraient, de souillures,
    de bavures,
La bonne terre végétale,
Enliseraient, couvriraient de pestilences
Toute ma création.
Mais ici, dit Dieu, dans cette douce France, ma plus
    noble création,
Dans cette saine Lorraine,
Ici ils sont bons jardiniers.
C'est des vieux jardiniers finis, des fins jardiniers depuis
    quatorze siècles qu'ils suivent les leçons de mon Fils.
Ils ont tout canalisé, tout ameubli dans les jardins de
    l'âme.
De l'eau qui sert à inonder, à empoisonner *(riant)* eux
    ils s'en servent pour arroser.
Peuple de mon Fils, peuple plein de grâce, éternellement
    plein de jeunesse et de grâce.
Les eaux mêmes du ciel, tu les détournes; pour tes
    merveilleux jardins.
Ma colère même, tu la détournes; pour tes mystérieux,
    pour tes merveilleux jardins.
Les pestilences mêmes tu les détournes et elles ne
    t'atteignent pas et elles ne te servent que de fumier
Pour tes mystérieux, pour tes merveilleux jardins.

O peuple tu as bien appris les leçons de mon Fils.

Qui était un grand Jardinier.

Peuple secrètement aimé c'est toi qui as le mieux réussi.

Peuple jardinier toujours une eau saine arrosera tes terres.

Peuple; peuple qui ne recules devant aucunes pestilences.

O mon peuple français, ô mon peuple lorrain. Peuple pur, peuple sain, peuple jardinier.

Peuple laboureur et cultivateur.

Peuple qui laboures le plus profondément.

Les terres et les âmes.

Toujours tes eaux seront des eaux vives.

Et tes sources toujours des fontaines jaillissantes.

Toujours tes rivières seront des eaux courantes et tes fleuves.

Et tes secrètes sources dans tes mystérieux.

Dans tes merveilleux, dans tes douloureux jardins.

Toujours une eau courante, une eau saine arrosera tes prés.

Toujours une eau saine montera dans ton Blé.

Toujours une eau saine, rare, abondante, une eau précieuse, toujours une eau saine montera dans ta Vigne.

Peuple qui fais le Pain, peuple qui fais le Vin.

O ma terre lorraine, ô ma terre française,

Peuple qui suis le mieux, qui as le mieux pris les leçons de mon Fils.

Peuple accointé à cette petite Espérance.

Qui jaillit partout dans cette terre.

Et dans les mystérieux.

Dans les merveilleux, dans les très douloureux jardins des âmes

Peuple jardinier qui as fait pousser les plus belles fleurs

De sainteté

Par la grâce de cette petite Espérance.

Peuple qui fait reculer les pestilences

Par l'ordre. Par la propreté, par la probité; par la clarté.

Par une vertu qui est en toi, par une vertu propre, par une vertu unique.

Peuple jardinier, qui laboures et qui herses,

Qui bêches et qui ratisses,

Qui ameublis la création même.

Et je le dis, dit Dieu, je le déclare : Rien n'est aussi pro-
  fond qu'un labour.
Et rien n'est aussi beau, je m'y connais,
Rien n'est aussi grand dans ma création
Que ces beaux jardins d'âmes bien ordonnés comme en
  font les Français.
Toutes les sauvageries du monde, on peut m'en croire,
  je le sais peut-être,
Toutes les sauvageries du monde ne valent pas un beau
  jardin à la française.
Car c'est là qu'il y a le plus d'âme et le plus de créa-
  tion.
C'est là qu'il y a de l'âme.
Jardins mystérieux, jardins merveilleux,
Jardins très douloureux des âmes françaises.
Toutes les sauvageries du monde ne valent pas un beau
  jardin français.
Honnête, modeste, ordonné.
C'est là que j'ai cueilli mes plus belles âmes.
Toutes les sauvageries du monde ne valent pas une belle
  ordonnance.
Peuple honnête, peuple de jardiniers c'est lui qui fait
  pousser les plus belles âmes
De sainteté.
Très douloureux jardins des âmes ont poussé là
Qui ont souffert sans rompre l'alignement
Le plus dur martyre
Et c'est ça qui est difficile; c'est ça qui est rare
Le plus recreusé martyre
Sans rompre l'ordonnance.
Et ça je sais ce que ça coûte.
Très douloureux jardins des âmes ont poussé là que
  j'ai cueillies
Douloureuses.
Toutes les sauvageries du monde ne valent pas un bon
  jardin de presbytère.
Avec ses tournesols.
Que les enfants appellent des soleils.
Et c'est des soleils, si je veux.
Un bon jardin de curé.
Bien requiet; bien requois.
C'est là que j'ai cueilli mes plus belles âmes
Silencieuses.

Les sauvages diront que ce jardin n'est pas grand et
qu'il n'est pas profond.
Mais moi je sais, (dit Dieu), que rien n'est grand comme
l'ordre et que rien n'est profond comme le labour.
Français.
Peuple honnête, plein de jeunesse,
Plein de ma jeunesse et de ma grâce.
Les eaux du ciel, tu n'en es point intimidé.
Tu n'en es point embarrassé, les eaux du ciel tu les
détournes.
Les jours mauvais pleuvent et pleuvent, ils ne te cor-
rompent point.
Au contraire, peuple qui assainis tout.
France ma fille aînée.
Les jours mauvais tu n'en fais point des corruptions
et des pestilences.
Des eaux corrompues, des eaux mortes.
Les jours mauvais tu n'en fais point des mortes-eaux.
Toutes glaireuses.
Mais jardinier, peuple jardinier tu en fais ces beaux
ruisselets d'eau vive
Qui arrosent les plus beaux jardins
Qu'il n'y ait jamais eus au monde.
Qui arrosent les jardins de ma grâce, les éternels jardins.
Moi je sais, dit Dieu, jusqu'où un Français peut se taire.
Sans rompre l'alignement.
Je sais jusqu'où un Français peut ne pas rompre une
ordonnance.
Et ce qu'ils souffrent en dedans, et jusqu'où,
Quelles épreuves ils portent, sans bouger d'une ligne,
Comme un beau pont, comme une belle voûte bien juste.
Quels sacrifices ils m'apportent, (en secret), nul sacrifice
n'est si profond
Qu'un labour français.
Une eau pure, une eau saine, une eau courante monte
Dans les tiges de la loi du Pain.
Une eau saine, une eau courante monte, une eau rare
Dans les sarments de la loi du Vin.
Une eau lorraine, une eau française monte dans le bour-
geonnement
De l'une et l'autre loi.

Français, dit Dieu, c'est vous qui avez inventé ces beaux
  jardins des âmes.
Je sais quelles fleurs merveilleuses croissent dans vos
  mystérieux jardins.
Je sais quelles épreuves
Infatigables vous portez.
Je sais quelles fleurs et quels fruits vous m'apportez en
  secret.
C'est vous qui avez inventé le jardin.
Les autres ne font que des horreurs.
Vous êtes celui qui dessine le jardin du Roi.
Aussi je vous le dis en vérité c'est vous qui serez mes
  jardiniers devant Dieu.
C'est vous qui dessinerez mes jardins de Paradis.

Il a dû y avoir quelque chose, dit Dieu, entre nos Fran-
  çais et cette petite Espérance.
Ils y réussissent si merveilleusement.

Peuple laborieux, peuple du plus profond labeur.
Ce n'est pas lui qui stagne et croupit dans les marais de
  la paresse.
Dans les mares stagnantes, dans les fosses, dans les mares
  croupissantes.
Dans les croupissements et dans les boues de la paresse.
Dans les croupissements du désespoir.
Dans les croupissements et dans les boues du péché.
Peuple alerte, peuple jardinier les jours mauvais
Ils ne déposent point, chez lui ne s'extravasent point
En mares croupissantes mais peuple maraîcher
Des marais mêmes il fait les plus beaux jardins.
Il fait pousser les plus beaux légumes, les plus beaux
  fruits.
Et son âme est toujours une eau courante et une eau
  vive.
Et son travail est toujours une eau courante.
Et sa prière, je le sais, est toujours une eau courante.

Singulier peuple, il faut, dit Dieu, qu'il y ait eu quelque
  accointance.

Quelque accointement.

Qu'il se soit fait quelque accointance entre ce peuple et
cette petite Espérance.

Ils y réussissent trop bien.

Et il n'y a qu'eux qui y réussissent.

Il faut qu'ils aient fait entre eux une espèce d'adoption.

Ils ont adopté l'espérance et l'espérance les a adoptés.

Non point certes comme un père une fille et comme une
fille un père.

Mais plus familièrement.

D'une accointance, d'une adoption plus familière.

Ils sont avec elle, (je connais les familles

Des hommes), comme un oncle avec sa nièce.

Dans les maisons où il y a un oncle il a avec les enfants

Et ensemble les enfants ont avec lui

Une liberté, une familiarité propre

Que le père n'aura jamais[1].

Une connivence, une entente secrète, non déclarée.

Mais ils n'ont pas besoin de la déclarer.

Ils n'ont pas besoin de la déclarer à eux-mêmes.

De la voir.

Elle y est.

Le père est l'ascendant direct, il a le front sourcilleux,
les yeux froncés, il est tout chargé d'une responsabilité
directe.

Et les enfants le sentent bien.

Il est au-dessus.

Et les enfants le sentent bien.

Le lien du père au fils est un lien sacré, qui pèse, un lien
direct.

Et les enfants le sentent bien.

L'oncle a une liberté, (et l'âge en même temps, et l'expé-
rience), il fait tout ce qu'il veut, il est pour les enfants

Tout l'amusement de la vie.

Les enfants le savent. Avec lui seul avec lui de lui les
propos sont amusants, de lui avec lui seul avec lui
les jeux sont amusants.

Lui seul est familier.

C'est ainsi que ces Français se sont mis avec cette petite
Espérance.

Elle ne se plaît qu'avec eux.

Elle écoute tous leurs propos. Il n'y en a que pour eux.

Tout ce qu'ils disent est bien. Elle se reconnaît en eux.

Il n'y a que leurs histoires qui sont bonnes. Elle ne quitte
    pas leurs genoux. Elle se les fait conter vingt fois.
Voilà comment ces Français se sont mis avec cette enfant
    Espérance.

Singulier peuple toute eau leur est une source vive.
Toute eau qui tombe leur devient une eau courante.
Par le ministère de l'espérance.
Toute eau, toute eau mauvaise leur devient une eau
    potable.
Les eaux mauvaises les rendent souvent malades.
Les eaux mauvaises ne les empoisonnent jamais.
Ils boivent impunément de tout.
Par cette accointance qu'ils ont avec cette petite Espé-
    rance.

    On se demande, on dit : Mais comment que ça se fait
Que cette fontaine Espérance éternellement coule,
Qu'elle jaillit éternellement, qu'elle source éternellement
Qu'elle coule éternellement,
Éternellement jeune, éternellement pure.
Éternellement fraîche, éternellement courante.
Éternellement vive.
Où cette enfant prend-elle tant d'eau pure et tant d'eau
    claire.
Tant de jaillissement et tant de ressourcement.
Est-ce qu'elle les crée ? A mesure ?
— Non, dit Dieu, il n'y a que moi qui crée.
— Alors où prend-elle toute cette eau.
Pour cette fontaine jaillissante.
Comment que ça se fait que cette éternelle fontaine
Éternellement jaillisse.
Que cette éternelle source
Éternellement source.
Il doit y avoir un secret là-dedans.
Quelque mystère.
Pour que cette source éternellement ne se trouble point
    aux lourdes, aux épaisses pluies d'automne.
Pour qu'éternellement elle ne tarisse point aux ardentes
    ardeurs de juillet.
— Bonnes gens, dit Dieu, ça n'est pas malin.

Son mystère n'est pas malin.
Et son secret n'est pas difficile.
Si c'était avec de l'eau pure qu'elle voulût faire des
     sources pures,
Des sources d'eau pure,
Jamais elle n'en trouverait assez, dans (toute) ma création.
Car il n'y en a pas beaucoup.
Mais c'est justement avec les eaux mauvaises qu'elle fait
     ses sources d'eau pure.
Et c'est pour cela qu'elle n'en manque jamais.

Mais aussi c'est pour cela qu'elle est l'Espérance.

Maintenant comment elle s'y prend pour faire de l'eau
     pure avec de l'eau mauvaise,
De l'eau jeune avec de l'eau vieille,

Des jours jeunes avec de vieux jours.
De l'eau neuve avec de l'eau usée.

Des sources avec de la vieille eau.
Des âmes fraîches avec des vieilles âmes.

Des sources d'âme avec de la vieille âme.
De l'eau fraîche avec de l'eau tiède.

Malheur à celui qui est tiède.

Des matins jeunes avec des vieux soirs.
Des âmes claires avec des âmes troubles.

De l'eau claire avec de l'eau trouble.
De l'eau, des âmes enfants avec des âmes usées.

Des âmes levantes avec des âmes couchantes.
Des âmes courantes avec des âmes stagnantes.

Comment elle y réussit, comment elle s'y prend,
Ça, mes enfants, c'est mon secret.
Parce que je suis son Père.

Des âmes neuves avec des âmes qui ont déjà servi.
Des jours neufs avec des jours qui ont déjà servi.

Des âmes transparentes avec des âmes troubles.
Des âmes levantes avec des âmes couchées.
Des jours transparents avec des jours troubles.

Si c'était avec des jours transparents qu'elle fît des jours
    transparents.
Si c'était avec des âmes, avec de l'eau claire qu'elle fît
    des sources.
Avec de l'eau claire qu'elle fît de l'eau claire.
Si c'était avec de l'âme pure qu'elle fît de l'âme pure,
Parbleu, ça ne serait pas malin. Tout le monde pourrait
    en faire autant. Et il n'y aurait là aucun secret.

Mais c'est avec une eau souillée, une eau vieillie, une
    eau fade.
Mais c'est d'une âme impure qu'elle fait une âme pure
    et c'est le plus beau secret qu'il y ait dans le jardin
    du monde.

Si c'était avec de l'eau pure qu'elle fît de l'eau pure,
    elle sait bien ce qu'elle fait, elle est maline.
Si c'était avec de l'eau pure, si c'était de l'eau pure qu'elle
    fît jaillir en source d'eau pure,
Elle en manquerait tout de suite.
Elle n'est pas si bête, elle sait bien qu'elle en manquerait
    tout de suite.

Mais c'est des eaux mauvaises qu'elle fait une source
    éternelle.
    Elle sait bien qu'elle n'en manquera jamais.
La source éternelle de ma grâce même.
    Elle sait bien qu'elle n'en manquera jamais.
Et il faut que ma grâce soit tellement grande.
C'est d'une eau mauvaise qu'elle fait ses fontaines.
    Aussi elle n'en manquera jamais.
Ses fontaines parfaitement pures.
C'est du jour impur qu'elle fait le jour pur.
    Elle n'en manquera jamais.

C'est de l'âme impure qu'elle fait l'âme pure.
Elle n'en manquera jamais.

Il y avait une grande procession. C'était la procession
de la Fête-Dieu. On portait le Saint-Sacrement. Aussi
en tête les trois Théologales
Marchaient. Voyez, dit Dieu, cette petite, comme elle
marche.
Regardez-moi voir un peu.
Les autres, les deux autres marchent comme des grandes
personnes, ses deux grandes sœurs. Elles savent où
elles sont. Elles sont décentes. Elles savent qu'elles
sont dans une procession.
Surtout une procession de la Fête-Dieu.
Où l'on porte le Saint-Sacrement.
Elles savent ce que c'est qu'une procession.
Et qu'elles sont à la procession, à la tête de la procession.
Elles vont à la procession. Elles se tiennent bien. Elles
s'avancent comme des grandes personnes.
Sérieuses. Qui sont toujours un peu fatiguées.
Mais elle elle n'est jamais fatiguée. Voyez voir un peu.
Comment elle marche.
Elle va devant vingt fois, comme un petit chien, elle
revient, elle repart, elle fait vingt fois le chemin.
Elle s'amuse avec les guirlandes de la procession.
Elle joue avec les fleurs et les feuilles
Comme si ce ne fussent point des guirlandes sacrées.
Elle jouerait à sauter par-dessus les feuillages
Frais coupés, frais cueillis. Jonchés.
Elle n'écoute rien. Elle ne tient pas en place dans les
reposoirs.
Elle voudrait tout le temps marcher. Aller de l'avant.
Sauter. Danser. Elle est si heureuse.
(O peuple, peuple jardinier, qui pour les processions
Fais pousser les roses de France.
Jardinier du roi, jardinier de fleurs et de fruits, jardinier
d'âmes
Peuple tu es mon jardinier.
Jardinier dans le verger, jardinier dans le potager, jar-
dinier dans le jardin.
Jardinier dans le champ même.
Peuple jardinier, peuple honnête, peuple propre.

Peuple probe.

Tes forêts sont plus propres que le parc même du roi.

Tes bois (les plus sauvages) sont plus propres que le verger du roi.

Tes champs et tes vallons sont plus propres que le jardin du roi.

Dans tes champs les plus étendus je ne vois pas une seule mauvaise herbe.

Peuple laborieux j'ai beau regarder tes champs sont purs comme un beau jardin.

Et tes vallons au loin qui se recourbent mollement.

Pleins de fécondité. Bien gonflés sous la main. Avec des recreux de secret.

Peuple diligent la charrue et la herse et le rouleau, la bêche et le râteau et la pioche et la houe et le plantoir et le cordeau

Ne s'ennuient pas dans tes mains.

Ne chôment pas dans tes mains.

Tu n'as pas peur d'y toucher. Tu ne les regardes pas de loin avec des cérémonies.

Mais la charrue et la herse et le rouleau et la pelle et la pioche et la bêche et la houe.

Tu en fais des bonnes honnêtes ouvrières, des outils d'honnête homme.

Tu n'as pas peur de les approcher.

La paume de ta main polit le manche de l'outil, lui donne un beau luisant de bois.

Le manche de l'outil polit la paume de ta main, lui donne un beau luisant de cuir

Jaune.

Tes outils tu en fais des outils alertes. Des outils diligents. Des outils honnêtes.

Des outils qui vont vite. Et ils sont bien emmanchés.

Peuple premier, tu es le premier dans le potager.

Le premier dans le verger. Le premier dans le jardin.

Le premier dans le champ.

Tu es le seul dans tout cela.

Tu fais pousser les plus beaux légumes et les plus beaux fruits.

Tu cueilles les plus beaux légumes, tu cueilles les plus beaux fruits.

Tu cueilles les plus belles feuilles mêmes.

C'est toi qui couches les plus belles jonchées de feuillages

Aux pieds des trois Théologales.

Aux pieds graves de ma fille la Foi tu couches les plus
beaux, les plus sérieux feuillages

Jonchés, couchés.

Aux pieds saignants de mon ardente fille, de ma fille
la Charité tu couches les plus beaux, les plus tendres
feuillages

Jonchés, couchés

Les plus frais au pied.

Si frais que la fraîcheur vous en remonte au cœur et
jusqu'aux lèvres

Sèches. Feuillages frais

Et qui sont comme un baume au cœur endolori.

Car ils sont comme un baume au pied endolori

Au pied saignant, au pied ensanglanté. Aux pieds de
Cendrillon de cette enfant ma petite Espérance

Peuple tu jettes les plus jaillissants feuillages

Jonchés, couchés. Des feuillages plein les rues. Et aux
pieds des grandes Processions,

Peuple, et aux pieds du grand Saint-Sacrement,

Aux pieds du Très Grand peuple tu sèmes les roses de
France.

Peuple qui couches aux pieds des grandes Processions

Les plus grandes Fleurs, les plus grandes Feuilles.

Les plus belles, les plus grandes fleurs de la terre char-
nelle.

Les plus grandes fleurs du monde
Terrestre.

Les plus grandes fleurs de terre et d'âme.

Les plus grandes fleurs de race et de terre.

Nourries d'eau.

Et de terre.

Peuple qui as fait de ton royaume un jardin.

Jardinier du roi. Royaume du roi.

Peuple qui as fait de tes champs un jardin.

Peuple qui sans compter aux pieds du Très-Haut

Jettes les fleurs, jettes les âmes,

Sachant qu'il en poussera toujours.

Que tu en feras toujours pousser.

Peuple, peuple, le seul qui ne comptes jamais avec moi.

Peuple du roi, peuple roi, je te le dis, je te prendrai au roi.

Moi aussi je suis roi je te prendrai au roi pour mon
royaume.

Jardinier du roi je te prendrai au roi
Le jour du Couronnement
Pour dessiner mes jardins
Dans mon royaume de Paradis.
Peuple je te ferai mon peuple jardinier.
Peuple ami du cordeau et du plantoir.
Et tu me feras de ces belles roses de France.
Et de ces beaux lys blancs de France
Qui portent un col non ployé.

Peuple de pépiniéristes, pays de roseraies, peuple scru-
    puleux.
Peuple patient, qui as la patience (et le goût) de désherber.
Peuple qui ne cesses point de désherber. Plus vite et
    plus constant et plus infatigable que la nature même.
Plus penché sur la terre, plus courbé, plus penché à dés-
    herber, toi qui vas plus vite et qui es plus constant
    et plus infatigable à désherber
Que la mauvaise herbe à pousser (et ce n'est pas peu
    dire)
Que la mauvaise nature même à faire pousser la mauvaise
    herbe
Peuple qui suffis plus à arracher la mauvaise herbe que la
    mauvaise nature à la faire pousser.
(Et ce n'est pas peu dire. Si quelqu'un le sait, c'est moi).
Peuple plus opiniâtre, plus patient, plus recommençant
    que la mauvaise nature même
Quand je regarde tes champs j'ai beau regarder je n'y
    vois pas une mauvaise herbe.
Ni un chardon pour les ânes. Ni cette ivraie que mon Fils
    nommait la zizanie
Et qui lui servit beaucoup pour ses similitudes. *Un homme
    avait deux fils.*
Et que vous autres vous nommez de l'ivraie et du chien-
    dent.
Peuple laborieux quand je regarde tes champs.
Ni dans tes moissons cette affreuse maladie.
Quand les blés *ont la maladie.* Et surtout les seigles.
Cet ergot, cette carie du seigle, cette affreuse
Pourriture sèche qui empoisonne
Qui ose empoisonner le pain même.

Quand je regarde vos champs, Français,
Puissiez-vous désherber ainsi
Vos âmes aussi
De toute cette mauvaise herbe du péché.
De cette carie, de cette odieuse qui ronge
Le Pain Éternel

Peuple qui jettes par brassées
Les beaux lys de France au col non ployé,
Couchés,
Jonchés,
Fauchés,
Aux pieds de la Très Sainte et de l'Immaculée.

Voyez cette petite, dit Dieu, comme elle marche.
Elle sauterait à la corde dans une procession.
Elle marcherait, elle avancerait en sautant à la corde,
    par quelque gageure.
Tellement elle est heureuse
(Seule de toutes)
Et tellement elle est sûre de ne jamais se fatiguer.
Les enfants marchent tout à fait comme des petits chiens.
(D'ailleurs ils jouent aussi comme les petits chiens)
Quand un petit chien se promène avec ses maîtres
Il va, il vient. Il repart, il revient. Il va en avant, il revient.
Il fait vingt fois le chemin.
Vingt fois le trajet.
C'est qu'en effet il ne va pas quelque part.
Ce sont les maîtres qui vont quelque part.
Lui il ne va nulle part.
Et ce qui l'intéresse, c'est précisément de faire le chemin.
Pareillement les enfants. Quand vous faites une course
    avec vos enfants
Une commission
Ou quand vous allez à la messe ou aux vêpres avec vos
    enfants
Ou au salut
Ou entre messe et vêpres quand vous allez vous pro-
    mener avec vos enfants
Ils trottent devant vous comme des petits chiens. Ils
    avancent, ils reculent. Ils vont, ils viennent. Ils
    s'amusent. Ils sautent.

Ils font vingt fois le trajet.

C'est qu'en effet ils ne vont pas quelque part.

Ça ne les intéresse pas d'aller quelque part.

Ils ne vont nulle part.

Ce sont les grandes personnes qui vont quelque part

Les grandes personnes, la Foi, la Charité.

Ce sont les parents qui vont quelque part.

A la messe, aux vêpres, au salut.

A la rivière, à la forêt.

Aux champs, au bois, au travail.

Qui s'efforcent, qui se travaillent pour aller quelque part

Ou même qui vont se promener quelque part.

Mais les enfants ce qui les intéresse ce n'est que de faire
le chemin.

D'aller et de venir et de sauter. D'user le chemin avec
leurs jambes.

De n'en avoir jamais assez. Et de sentir pousser leurs
jambes.

Ils boivent le chemin. Ils ont soif du chemin. Ils n'en
ont jamais assez.

Ils sont plus forts que le chemin. Ils sont plus forts que
la fatigue.

Ils n'en ont jamais assez (Ainsi est l'espérance) Ils courent
plus vite que le chemin.

Ils ne vont pas, ils ne courent pas pour arriver. Ils arrivent
pour courir. Ils arrivent pour aller. Ainsi est l'espé-
rance. Ils ne ménagent pas leurs pas. L'idée ne leur
viendrait même pas

De ménager quoi que ce fût.

Ce sont les grandes personnes qui ménagent.

Hélas elles sont bien forcées. Mais l'enfant Espérance

Ne ménage jamais rien.

Ce sont les parents qui ménagent. Triste vertu, hélas
qu'ils ne s'en fassent point une vertu.

Ils sont bien forcés. Si solide que soit ma fille la Foi,

Ferme comme un roc elle est bien forcée de ménager.

Si ardente que soit ma fille la Charité

Brûlante comme un beau feu de bois

Qui réchauffe le pauvre dans la cheminée

Le pauvre et l'enfant et le mourant de faim,

Elle est bien forcée de ménager.

La seule enfant Espérance

Est la seule qui ne ménage jamais rien.

Elle ne ménage pas ses pas, la petite bougresse, elle ne
　　ménage pas les nôtres.
Comme elle ne ménage point les fleurs et les feuilles aux
　　grandes Processions,
Et les roses de France et les beaux lys de France
Au col non ployé,
Ainsi dans la petite, dans la longue procession, dans la
　　dure procession de la vie elle ne ménage rien
Ni ses pas ni les nôtres
Dans l'ordinaire, dans la grise, dans la commune pro-
　　cession
De tous les jours
(Car ce n'est pas tous les jours la Fête-Dieu.)
Elle ne ménage pas ses pas, et comme elle nous traite
　　comme elle
Elle ne ménage pas non plus les nôtres.
Elle ne se ménage pas; et pareillement, ensemble elle ne
　　ménage pas non plus les autres.
Elle nous fait recommencer vingt fois la même chose.
Elle nous fait aller vingt fois au même endroit.
Qui est généralement un endroit de déception
(Terrestre.)
Ça lui est bien égal. Elle est comme une enfant. Elle est
　　une enfant.
Ça lui est bien égal de faire marcher les grandes per-
　　sonnes.
La sagesse terrestre n'est point son affaire.
Elle ne calcule point comme nous.
Elle calcule, ou enfin elle ne calcule pas, elle compte (sans
　　s'en apercevoir) comme une enfant.
Comme une qui a toute la vie devant soi.
Ça lui est bien égal de nous faire marcher.
Elle croit, elle compte que nous sommes comme elle.
Elle ne ménage point nos peines. Et nos travails[1]. Elle
　　compte
Que nous avons toute la vie devant nous.
Comme elle se trompe. Comme elle a raison
Car n'avons-nous point toute la Vie devant nous.
La seule qui compte. Toute la vie Éternelle.
Et le vieillard n'a-t-il pas autant de vie devant soi que
　　l'enfant au berceau.
Sinon plus. Car pour l'enfant au berceau la Vie éternelle,
La seule qui compte est masquée par cette misérable vie

Qu'il a devant lui. D'abord. Qui est devant. Par cette
misérable vie terrestre.
Il faudra qu'il traverse. Il faudra qu'il passe par toute
cette misérable vie terrestre
Avant d'arriver, avant d'atteindre, pour atteindre à la
Vie
A la seule vie qui compte. Mais le vieillard il a de la
chance.
Prudent il a mis derrière lui cette misérable vie
Qui lui masquait la Vie éternelle
A présent il est débarrassé. Il a mis derrière lui ce qui
était devant.
Il voit clair. Il est plein de vie. Entre la vie et lui il n'y
a plus rien. Il est au bord de la lumière.
Il est sur le rivage même. Il est à plein. Il est au bord
de la vie éternelle.
On a bien raison de dire que les vieillards sont pru-
dents.
Ainsi comme cette enfant avait raison de compter
Que nous sommes comme elle.
Que nous avons toute la vie devant nous.
Nous l'avons autant qu'elle. Que lui importe
De nous faire faire vingt fois le même trajet.
Elle a raison. Ce qui importe
(Et de nous faire aller vingt fois au même endroit
Qui est généralement un endroit de déception
Terrestre) ce qui importe
Ce n'est pas d'aller ici ou là, ce n'est pas d'aller quelque
part
D'arriver quelque part
Terrestre. C'est d'aller, d'aller toujours, et (au contraire)
de ne pas arriver.
C'est d'aller petitement dans la petite procession des
jours ordinaires,
Grande pour le salut. Les jours vont en procession
Et nous nous allons en procession dans les jours. Ce
qui importe
C'est d'aller. D'aller toujours. Ce qui compte. Et comme
on va.
C'est le chemin qu'on fait. C'est le trajet lui-même.
Et comme on le fait.
Vous faites vingt fois le même chemin terrestre.
  Pour aboutir vingt fois.

Et vingt fois vous aboutissez, vous parvenez, vous
    atteignez
Péniblement, laborieusement, difficilement,
Peineusement
Au même point de déception
Terrestre.
Et vous dites : Cette petite Espérance m'a encore trompé.
J'aurais dû me méfier. C'est la vingtième fois qu'elle me
    trompe.
La sagesse (terrestre) n'est point son fait.
Je ne la croirai plus jamais. (Vous la croirez encore,
    vous la croirez toujours).
On ne m'y prendra plus jamais. — Sots que vous êtes.
Qu'importe cet endroit où vous vouliez aller.
Où vous croyiez aller.
Voyons, vous n'êtes pas des enfants, vous saviez bien
Que ce point où vous alliez serait un point de déception
Terrestre. Qu'il en était un d'avance. Alors pourquoi y
    êtes-vous allés.
Parce que vous comprenez très bien le manège de cette
    petite
Espérance.
Pourquoi suivez-vous toujours cette enfant de déception.
Pourquoi donnez-vous les mains au manège de cette
    petite.
Toujours, et la vingtième fois plus premièrement que la
    première.
Pourquoi y allez-vous de vous-mêmes.
Toujours, et la vingtième fois plus couramment que la
    première.
C'est qu'au fond vous savez très bien ce qu'elle est.
Ce qu'elle fait. Et qu'elle nous trompe.
Vingt fois.
Parce qu'elle est la seule qui ne nous trompe pas.
Et qu'elle nous déçoit
Vingt fois
Toute la vie
Parce qu'elle est la seule qui ne déçoit pas
Pour la Vie.
Et c'est ainsi qu'elle est la seule à ne point nous décevoir.
Car ces vingt fois qu'elle nous fait faire le même chemin
Sur terre pour la sagesse humaine ce sont vingt fois qui
    se redoublent

Qui se recommencent, qui sont la même
Qui sont vingt fois vaines, qui se superposent
Parce qu'elles conduisaient par le même chemin
Au même endroit, parce que c'était le même chemin.
  Mais pour la sagesse de Dieu
Rien n'est jamais rien. Tout est nouveau. Tout est
  autre.
Tout est différent.
Au regard de Dieu rien ne se recommence.
Ces vingt fois qu'elle nous a fait faire le même chemin
  pour arriver au même point
De vanité.
Pour le regard humain c'est le même point, c'est le
  même chemin, ce sont les vingt mêmes fois.
Mais c'est cela qui trompe.
C'est cela qui est le faux calcul et le faux compte.
Étant le compte humain.
Et voici ce qui ne déçoit point : Ces vingt fois ne sont pas
  la même. Si ces vingt fois sont vingt fois d'épreuve (s)
  et si ce chemin est un chemin de sainteté
Sur le même chemin la deuxième fois fait le double de
  la première
Et la troisième en fait le triple et la vingtième en fait le
  vingtuple.
Qu'importe d'arriver ici ou là, et toujours au même
  endroit
Qui est un endroit de déception
Terrestre.
C'est le chemin qui importe, et quel chemin on fait, et
  quel étant on le fait
Comment on le fait.
C'est le trajet seul qui importe.
Si le chemin est un chemin de sainteté
Au regard de Dieu, un chemin d'épreuves
Celui qui l'a fait deux fois est deux fois plus saint
Au regard de Dieu et celui qui l'a fait trois fois
Trois fois plus saint et celui qui l'a fait
Vingt fois vingt fois plus saint. C'est comme ça que Dieu
  compte.
C'est comme ça que Dieu voit.
Le même chemin, deuxième n'est plus le même.
Tous les jours, dites-vous, tous vos jours sont les mêmes
Sur terre, sont le même.

Partant des mêmes matins vous acheminent aux mêmes
  soirs.
Mais ils ne vous conduisent point aux mêmes soirs
  éternels.
Tous les jours, dites-vous, se ressemblent. — Oui, tous
  les jours terrestres.
Mais rassurez-vous, mes enfants, ils ne ressemblent point
Au dernier jour, à celui qui ne ressemble à nul autre.
Tous les jours, dites-vous, se recommencent. — Non
  ils s'ajoutent
Au trésor éternel des jours.
Le pain de chaque jour au pain de la veille.
La souffrance de chaque jour
(Quand même elle recommencerait la souffrance de la
  veille)
Au trésor éternel des souffrances.
La prière de chaque jour
(Quand même elle recommencerait la prière de la veille)
Au trésor éternel des prières.
Le mérite de chaque jour
(Quand même il recommencerait le mérite de la veille)
Au trésor éternel des mérites.
Sur terre tout se recommence. Dans la même matière.
  Mais au ciel tout compte
Et tout s'additionne. La grâce de chaque jour
(Quand même elle recommencerait la grâce de la veille)
Au trésor éternel des grâces. Et c'est pour cela que la
  jeune Espérance
Seule ne ménage rien. Quand Jésus travaillait chez son
  père
Tous les jours il faisait la même journée.
Il n'avait pas une seule histoire
Excepté une fois.
C'est pourtant le tissu, dans ces mêmes jours,
C'est le réseau de ces mêmes journées
Qui constitue, qui éternellement constitue
la Vie admirable de Jésus avant sa prédication
Sa vie privée
Sa vie parfaite, sa vie modèle.
Celle qu'il offre en exemple, en Modèle inimitable à
  imiter
A tout le monde, sans aucune exception, ne laissant qu'à
  quelques-uns

A quelques rares élus (et encore c'est en outre et non pas
   au contraire)
Les exemples de sa vie publique à imiter
Les modèles inimitables de sa Prédication
Et de sa Passion et de sa Mort.
(Et de sa Résurrection).
Pareillement, ensemble avec lui, à l'imitation de lui
Sur terre, sur nos chemins de la terre nos pas effacent
   nos pas.
Car les chemins de la terre ne peuvent pas garder plu-
   sieurs couches de traces.
Mais les chemins du ciel gardent éternellement toutes
   couches de traces
Toutes traces de pas.
Sur nos chemins de la terre il n'y a qu'une seule matière,
   la terre,
Nos chemins de la terre ne sont jamais faits que de la
   même terre,
Et c'est elle qui sert tout le temps, et elle ne peut servir
   qu'une fois
A la fois.
C'est la même terre qui sert tout le temps.
Elle ne garde jamais qu'une couche de traces à la fois.
Pour en recevoir une il faut qu'elle en sacrifie une
   autre.
La précédente. Toujours la précédente.
Une trace efface l'autre. Un pas efface un pas. Un pied
   efface un pied.
C'est pour cela que nous disons que nous faisons le même
   chemin.
C'est que ce même chemin est un chemin, un même che-
   min de la même terre.
Dans la même terre.
Mais les chemins du ciel reçoivent éternellement des
   empreintes
Neuves.
Et celui qui passe à la onzième heure dans les chemins
   du ciel *(Un homme avait deux fils)*
Pour aller à son travail et celui qui revient de son travail
Imprime dans le sol une empreinte neuve
      éternelle
Qui est son empreinte propre et éternellement il laisse
Intactes les empreintes de tous ceux

Qui sont passés avant lui. Qui sont passés depuis la pre-
     mière heure.
Et même et pareillement
Intactes ses propres empreintes à lui
Qui est passé avant lui.
C'est le miracle même du ciel, le miracle de tous les jours
     du ciel, mais sur terre
Celui qui suit efface les traces de celui qui précède.
Les pas effacent les pas
Dans le même sable.
Celui qui marche derrière efface les pas de celui qui
     marche devant.
Et nous-mêmes quand nous faisons,
Quand nous recommençons vingt fois le même chemin,
Quand vingt fois nous nous marchons derrière nous-
     mêmes,
Nous-mêmes nous effaçons la trace de nos (propres)
     pas.
De nos anciens pas.
C'est pourtant ce que Jésus a fait
Trente ans.
A son imitation c'est pourtant ce que Jésus, ce que Dieu
     nous demande
A ceux qui n'ont point reçu de vocations propres
Publiques.
Et même aux autres.
A nous qui n'avons point reçu de vocations propres
Extraordinaires,
Publiques,
Toute la vie.
Et même à ceux qui ont reçu des vocations propres
Extraordinaires
Publiques
Pendant toute leur vie privée, et même ailleurs, et même
     après
Pendant les trente ans de leur vie privée, et même en
     autre temps
Car dans la vie publique même les jours ressemblent aux
     jours.
Partant des mêmes matins vers les acheminements des
     mêmes soirs.
Car dans toute vie il y a bien peu de jours qui ne. res-
     semblent pas à tous les jours.

Mais tous ces jours comptent. Dans la vie même de Jésus,
dans la vie publique même

Dans la prédication combien de jours n'étaient-ils pas
les mêmes.

Combien de prédications n'étaient-elles pas les mêmes et
temporellement ne se recommençaient-elles pas.

Il n'y a eu qu'un jour de l'Institution de la Cène. Et un
jour de la Crucifixion. Et un jour de la Résurrection.

(Et il n'y aura qu'un jour du Jugement).

Pendant trente et pendant trois ans tous les autres jours
se ressemblaient.

Mais tous ces jours comptent. Car sur terre vingt fois
nous effaçons nos propres traces

Et nous faisons vingt chemins qui se superposent le
même.

Mais dans le ciel ils ne se superposent point. Ils se mettent
bout à bout. Et ils font le pont

Qui nous fait arriver de l'autre côté.

Un seul était trop court. Un seul chemin. Mais vingt
bout à bout

(Bien que chacun des vingt soit le même que l'autre)

Sont assez longs. Ainsi quand nous disons que l'espé-
rance nous trompe.

Et quand en même temps secrètement dans notre cœur
nous nous faisons ses complices

Pour qu'elle nous trompe,

Au fond nous savons très bien ce que tout cela veut dire.

Et que cette sourde complicité que nous avons avec elle
Pour qu'elle nous trompe

Est ce que nous avons en nous

De plus agréable à Dieu.

Or elle nous traite comme elle.

Comme elle se traite elle-même.

Comme si nous étions comme elle.

C'est-à-dire comme si nous étions infatigables.

Et elle nous fait faire vingt fois ce chemin.

Qui n'est pas le même.

Comme si nous étions infatigables.

Les enfants ne pensent même pas à la fatigue.

Ils courent comme des petits chiens. Ils font le chemin
vingt fois.

Et par conséquent vingt fois plus de chemin qu'il n'en
faut.

Qu'est-ce que ça leur fait. Ils savent bien que le soir
(Mais ils n'y pensent pas)
Ils tomberont de sommeil
Dans leur lit ou même à table
Et que le sommeil est la fin de tout.
Voilà leur secret, voilà le secret d'être infatigable.
Infatigable comme les enfants.
Infatigable comme l'enfant Espérance.
Et de recommencer toujours le lendemain.
Les enfants ne peuvent pas marcher, mais ils savent très
    bien courir.
L'enfant ne pense pas même, ne sait pas qu'il dormira
    le soir.
Que le soir il tombera de sommeil. C'est pourtant ce
    sommeil
Toujours prêt, toujours disponible, toujours présent,
Toujours en dessous, comme une bonne réserve,
Celui d'hier et celui de demain, comme une bonne nour-
    riture d'être,
Comme un renforcement d'être, comme une réserve
    d'être,
Inépuisable. Toujours présente.
Celui de ce matin et celui de ce soir
Qui lui met cette force dans les jarrets.
Ce sommeil d'avant, ce sommeil d'après
C'est ce même sommeil sans fond
Continu comme l'être même
Qui passe d'une nuit à une nuit, d'une nuit à l'autre, qui
    continue d'une nuit à l'autre
En passant par-dessus les jours
En ne laissant les jours que comme des jours, comme
    des ouvertures.
C'est ce même sommeil où les enfants ensevelissent leur
    être
Qui leur maintient, qui leur fait tous les jours ces jarrets
    nouveaux,
Ces jarrets neufs.
Et ce qu'il y a dans des jarrets neufs : ces âmes neuves.
Ces âmes nouvelles, ces âmes fraîches.
Fraîches le matin, fraîches à midi, fraîches le soir.
Fraîches comme les roses de France.
Ces âmes au col non ployé. Voilà le secret d'être infa-
    tigables.

C'est de dormir. Pourquoi les hommes n'en usent-ils pas.
J'ai donné ce secret à tout le monde, dit Dieu. Je ne l'ai
    pas vendu.
Celui qui dort bien, vit bien. Celui qui dort, prie.
    (Aussi celui qui travaille, prie. Mais il y a temps pour
    tout. Et le sommeil et le travail.
Et le travail et le sommeil sont les deux frères. Et ils
    s'entendent très bien ensemble.
Et le sommeil conduit au travail et le travail conduit au
    sommeil.
Celui qui travaille bien dort bien, celui qui dort bien
    travaille bien.

Il faut, dit Dieu, qu'il y ait une accointance,
Qu'il se soit passé quelque chose
Entre ce royaume de France et cette petite Espérance.
Il y a là un secret. Ils y réussissent trop bien. Pourtant
on me dit
Qu'il y a des hommes qui ne dorment pas.
Je n'aime pas celui qui ne dort pas, dit Dieu.
Le sommeil est l'ami de l'homme.
Le sommeil est l'ami de Dieu.
Le sommeil est peut-être ma plus belle création.
Et moi-même je me suis reposé le septième jour.
Celui qui a le cœur pur, dort. Et celui qui dort a le cœur
    pur.
C'est le grand secret d'être infatigable comme un enfant.
D'avoir comme un enfant cette force dans les jarrets.
Ces jarrets neufs, ces âmes neuves
Et de recommencer tous les matins, toujours neuf,
Comme la jeune, comme la neuve
Espérance. Or on me dit qu'il y a des hommes
Qui travaillent bien et qui dorment mal.
Qui ne dorment pas. Quel manque de confiance en moi.
C'est presque plus grave que s'ils travaillaient mal mais
    dormaient bien.
Que s'ils ne travaillaient pas mais dormaient, car la
    paresse
N'est pas un plus grand péché que l'inquiétude
Et même c'est un moins grand péché que l'inquiétude
Et que le désespoir et le manque de confiance en moi.
Je ne parle pas, dit Dieu, de ces hommes

Qui ne travaillent pas et qui ne dorment pas.

Ceux-là sont des pécheurs, c'est entendu. C'est bien fait
pour eux. Des grands pécheurs. Ils n'ont qu'à tra-
vailler.

Je parle de ceux qui travaillent et qui ne dorment pas.

Je les plains. Je parle de ceux qui travaillent, et qui ainsi

En ceci suivent mon commandement, les pauvres enfants.

Et qui d'autre part n'ont pas le courage, n'ont pas la
confiance, ne dorment pas.

Je les plains. Je leur en veux. Un peu. Ils ne me font pas
confiance.

Comme l'enfant se couche innocent dans les bras de sa
mère ainsi ils ne se couchent point.

Innocents dans les bras de ma Providence.

Ils ont le courage de travailler. Ils n'ont pas le courage
de ne rien faire.

Ils ont la vertu de travailler. Ils n'ont pas la vertu de
ne rien faire.

De se détendre. De se reposer. De dormir.

Les malheureux ils ne savent pas ce qui est bon.

Ils gouvernent très bien leurs affaires pendant le jour.

Mais ils ne veulent pas m'en confier le gouvernement
pendant la nuit.

Comme si je n'étais pas capable d'en assurer le gouver-
nement pendant une nuit.

Celui qui ne dort pas est infidèle à l'Espérance.

Et c'est la plus grande infidélité.

Parce que c'est l'infidélité à la plus grande Foi.

Pauvres enfants ils administrent dans la journée leurs
affaires avec sagesse.

Mais le soir venu ils ne se résolvent point,

Ils ne se résignent point à en confier le gouvernement
à ma sagesse

L'espace d'une nuit à m'en confier le gouvernement.

Et l'administration et tout le gouvernement.

Comme si je n'étais pas capable, peut-être, de m'en
occuper un peu.

D'y veiller.

De gouverner et d'administrer et tout le tremblement.

J'en administre bien d'autres, pauvres gens, je gouverne
la création, c'est peut-être plus difficile.

Vous pourriez peut-être sans grand(s) dommage(s) me
laisser vos affaires en mains, hommes sages.

Je suis peut-être aussi sage que vous.

Vous pourriez peut-être me les remettre l'espace d'une
  nuit.

L'espace que vous dormiez

Enfin

Et le lendemain matin vous les retrouveriez peut-être
  pas trop abîmées.

Le lendemain matin elles ne seraient peut-être pas plus
  mal.

Je suis peut-être encore capable de les conduire un peu.
  Je parle de ceux qui travaillent

Et qui ainsi en ceci suivent mon commandement.

Et qui ne dorment pas, et qui ainsi en ceci

Refusent tout ce qu'il y a de bon dans ma création,

Le sommeil, tout ce que j'ai créé de bon,

Et aussi refusent tout de même ici mon commandement
  même.

Pauvres enfants quelle ingratitude envers moi

Que de refuser un aussi bon,

Un aussi beau commandement.

Pauvres enfants ils suivent la sagesse humaine.

La sagesse humaine dit Ne remettez pas au lendemain

Ce que vous pouvez faire le jour même.

Et moi je vous dis Celui qui sait remettre au lendemain

Est celui qui est le plus agréable à Dieu.

Celui qui dort comme un enfant

Est aussi celui qui dort comme ma chère Espérance.

Et moi je vous dis Remettez à demain

Ces soucis et ces peines qui aujourd'hui vous rongent

Et aujourd'hui pourraient vous dévorer.

Remettez à demain ces sanglots qui vous étouffent

Quand vous voyez le malheur d'aujourd'hui.

Ces sanglots qui vous montent et qui vous étranglent.

Remettez à demain ces larmes qui vous emplissent les
  yeux et la tête.

Qui vous inondent. Qui vous tombent. Ces larmes qui
  vous coulent.

Parce que d'ici demain, moi, Dieu, j'aurai peut-être
  passé.

La sagesse humaine dit : Malheureux qui remet à demain.

Et moi je dis Heureux, heureux qui remet à demain.

Heureux qui remet. C'est-à-dire Heureux qui espère. Et
  qui dort.

Et au contraire je dis Malheureux.
Malheureux celui qui veille et ne me fait pas confiance.
Quelle défiance de moi. Malheureux celui qui veille.
  Et traîne.
Malheureux celui qui traîne sur les soirs et sur ses nuits.
Sur les avancées du soir et sur les tombées de la nuit.
Comme une traînée d'escargot sur ces belles avancées.
Mes créatures.
Comme une traînée de limace sur ces belles tombées.
Mes créatures, ma création.
Les lents ressouvenirs des soucis quotidiens.
Les cuissons, les morsures.
Les traces sales des soucis, des amertumes et des inquié-
  tudes.
Des peines.
Les traces de limaces. Sur les fleurs de ma nuit.
En vérité je vous le dis celui-là fait offense
A ma chère Espérance.
Qui ne veut point me confier le gouvernement de sa
  vie.
Pendant qu'il dormirait.
Le sot.
Qui ne veut point me confier le gouvernement de sa nuit.
Comme si je n'avais pas fait mes preuves.
Qui ne veut pas me confier le gouvernement d'une nuit
  de lui.
Comme si plus d'un.
Qui avait laissé ses affaires très mauvaises en se couchant.
Ne les avait pas trouvées très bonnes en se levant.
Parce que peut-être j'avais passé par-là.

  Les nuits se suivent et se tiennent et pour l'enfant
    les nuits sont continues et elles sont le fond de son
    être même.
C'est là qu'il retombe. Elles sont le fond même de sa vie.
Elles sont son être même. La nuit est l'endroit, la nuit
  est l'être où il se baigne, où il se nourrit, où il se crée,
  où il se fait.
Où il fait son être.
Où il se refait.
La nuit est l'endroit, la nuit est l'être où il se repose, où
  il se retire, où il se recueille.

Où il rentre. Et il en sort frais. La nuit est ma plus belle
  création.
Or pourquoi l'homme n'en use-t-il pas. On me dit qu'il
  y a des hommes qui ne dorment pas la nuit.
La nuit est pour les enfants et pour ma jeune
Espérance ce qu'elle est réellement. Ce sont les enfants
  qui voient et qui savent. C'est ma jeune espérance
Qui voit et qui sait. Ce que c'est que l'être.
Ce que c'est que cet être la nuit. C'est la nuit qui est
  continue.
Les enfants savent très bien. Les enfants voient très bien.
Et ce sont les jours qui sont discontinus. Ce sont les jours
  qui percent, qui rompent la nuit
Et nullement les nuits qui interrompent le jour.
C'est le jour qui fait du bruit à la nuit.
Autrement elle dormirait.
Et la solitude, et le silence de la nuit est si beau et si
  grand
Qu'il entoure, qu'il cerne, qu'il ensevelit les jours mêmes.
Qu'il fait une bordure auguste aux agitations des jours.
Les enfants ont raison, ma petite Espérance a raison.
  Toutes les nuits ensemble
Se rejoignent, se joignent comme une belle ronde,
  comme une belle danse
De nuits qui se tiennent par la main et les maigres jours
Ne font qu'une procession qui ne se tient pas par la main.
Les enfants ont raison, ma petite Espérance a raison. Les
  nuits toutes ensemble
Se rejoignent, se joignent par-dessus les bords des jours,
  se tendent la main
Par-dessus les jours, font une chaîne et plus qu'une chaîne,
Une ronde, une danse, les nuits se prennent la main
Par-dessus le jour, du matin au soir
Du bord du matin à celui du soir, se penchant l'une vers
  l'autre.
Celle qui descend du jour précédent se penche en arrière
Celle qui monte
Du jour suivant
Se penche en avant
Et les deux se joignent, joignent leurs mains,
Joignent leur silence et leur ombre
Et leur piété et leur auguste solitude
Par-dessus les bords difficiles

Par-dessus les bords du laborieux jour
Et toutes ensemble, ainsi se tenant la main,
Débordant par-dessus les bords, les poignets liés
Aux poignets toutes les nuits l'une après l'autre
Ensemble forment la nuit et les jours l'un après l'autre
Ensemble ne forment pas le jour. Car ils ne sont jamais
    que de maigres jours
Qui ne se donnent pas la main. Or de même que la vie
Terrestre
En grand (si je puis dire) n'est qu'un passage entre deux
    bords
Une ouverture entre la nuit d'avant et la nuit d'après
Un jour
Entre la nuit de ténèbres et la nuit de lumière
Ainsi en petit chaque jour n'est qu'une ouverture.
Un jour.
Non pas seulement entre la nuit d'avant et la nuit d'après.
Entre les deux bords.
Mais comme les enfants le voient, comme les enfants le
    sentent, et ma jeune Espérance, comme les enfants
    le savent,
Dans la nuit, dans une seule et même,
Dans la seule et même nuit
Où se retrempe l'être.
En plein dans la nuit.
C'est la nuit qui est continue, où se retrempe l'être, c'est
    la nuit qui fait un long tissu continu,
Un tissu continu sans fin où les jours ne sont que des
    jours.
Ne s'ouvrent que comme des jours.
C'est-à-dire comme des trous, dans une étoffe où il y a
    des jours.
Dans une étoffe, dans un tissu ajouré.
C'est la nuit qui est ma grande muraille noire
Où les jours ne s'ouvrent que comme des fenêtres
D'une inquiète et d'une vacillante
Et peut-être d'une fausse lumière.
Où les jours ne s'ouvrent que comme des jours.
Où les jours ne s'ouvrent que comme des lucarnes.
Car il ne faut point dire que la chaîne des temps
Serait une chaîne sans fin
Où la maille suit la maille, où le chaînon suit le chaî-
    non,

Où les jours et les nuits se suivraient égaux dans une
même chaîne.
Un chaînon blanc, un chaînon noir, la nuit accrochant
le jour, le jour accrochant la nuit.
Mais ils ne sont point égaux, ils n'ont point la même
dignité dans cette chaîne.
C'est la nuit qui est continue. C'est la nuit qui est le tissu
Du temps, la réserve d'être
Et le jour n'ouvre là-dessus que par de méchantes fenêtres
et des poternes.
C'est le jour qui rompt et le jour n'ouvre là-dessus
Que par de pauvres jours
De souffrance. C'est le jour qui crève et les jours sont
comme des îles dans la mer.
Comme des îles interrompues qui interrompent la mer.
Mais la mer est continue et ce sont les îles qui ont tort.
Ainsi ce sont les jours qui ont tort et interrompus ils
interrompent la nuit.
Mais ils ont beau faire et eux-mêmes
Ils baignent dans la nuit.
Comme la mer est la réserve d'eau ainsi la nuit est la
réserve d'être.
C'est le temps que je me suis réservé. Tous ces jours fié-
vreux ont beau faire
Comme en pleine mer, en plein dans la nuit ils baignent
en pleine nuit.
Ce sont eux qui sont dispersés, ce sont eux qui sont brisés.
Les jours sont des Sporades et la nuit est la pleine mer
Où naviguait saint Paul
Et le bord qui descend de la nuit vers le jour
Est toujours un bord qui monte
Un bord abrupt et le bord qui remonte du jour vers la
nuit
Est toujours un bord qui descend. Dans la pleine nuit.
O nuit, ma plus belle invention, ma création auguste
entre toutes.
Ma plus belle créature. Créature de la plus grande Espé-
rance.
Qui donnes le plus de matière à l'Espérance.
Qui es l'instrument, qui es la matière même et la rési-
dence de l'Espérance.
Et aussi, (et ainsi), au fond créature de la plus grande
Charité.

Car c'est toi qui berces toute la Création
Dans un Sommeil réparateur.
Comme on couche un enfant dans son petit lit,
Comme sa mère le couche et comme sa mère le borde
Et l'embrasse (Elle n'a pas peur de le réveiller.
Il dort tellement bien.)
Comme sa mère le borde et rit et le baise au front
En s'amusant.
Et lui aussi rit, lui rit en réponse en dormant.
Ainsi, ô nuit, mère aux yeux noirs, mère universelle,
Non plus seulement mère des enfants (c'est si facile)
Mais mère des hommes mêmes et des femmes, ce qui est
    si difficile,
C'est toi, nuit, qui couches et fais coucher toute la
    Création
Dans un lit de quelques heures.
(En attendant). Dans un lit de quelques heures
Image, faible image, et promesse et avant réalisation du
    lit de toutes les heures.
Réalisation anticipée. Promesse tenue d'avance
En attendant le lit de toutes les heures.
Où moi, le Père, je coucherai ma création.
O Nuit tu es la nuit. Et tous ces jours ensemble
Ne sont jamais le jour, ils ne sont jamais que des jours.
Semés. Ces jours ne sont jamais que des clartés.
Douteuses, et toi, la nuit, tu es ma grande lumière
    sombre.
Je m'applaudis d'avoir fait la nuit. Les jours sont des
    îlots et des îles
Qui percent et qui crèvent la mer.
Mais il faut bien qu'ils reposent dans la mer profonde.
Ils sont bien forcés.
Ainsi vous autres jours vous êtes bien forcés.
Il faut bien que vous reposiez dans la profonde nuit.
Et toi nuit tu es la mer profonde
Où naviguait saint Paul, non plus ce petit lac de Tibé-
    riade.
Tous ces jours ne sont jamais que des membres
Démembrés. Ce sont les jours qui émergent, mais il faut
    bien qu'ils soient assis dans la pleine eau.
Dans la nuit pleine. Nuit ma plus belle invention c'est
    toi qui calmes, c'est toi qui apaises, c'est toi qui fais
    reposer

Les membres endoloris
Tout démanchés du travail du jour.
C'est toi qui calmes, c'est toi qui apaises, c'est toi qui
fais reposer
Les cœurs endoloris
Les corps meurtris, les membres meurtris du labeur,
les cœurs meurtris du labeur
Et de la peine et du souci quotidien.
O Nuit, ô ma fille la Nuit, la plus religieuse de mes filles
La plus pieuse.
De mes filles, de mes créatures la plus dans mes mains,
la plus abandonnée.
Tu me glorifies dans le Sommeil encore plus que ton
Frère le Jour ne me glorifie dans le Travail.
Car l'homme dans le travail ne me glorifie que par son
travail.
Et dans le sommeil c'est moi qui me glorifie moi-même
par l'abandonnement de l'homme.
Et c'est plus sûr, je sais mieux m'y prendre.
Nuit tu es pour l'homme une nourriture plus nour-
rissante que le pain et le vin.
Car celui qui mange et boit, s'il ne dort pas, sa nourri-
ture ne lui profite pas.
Et lui aigrit, et lui tourne sur le cœur.
Mais s'il dort le pain et le vin deviennent sa chair et son
sang.
Pour travailler. Pour prier. Pour dormir.
Nuit tu es la seule qui panses les blessures.
Les cœurs endoloris. Tout démanchés. Tout démembrés.
O ma fille aux yeux noirs, la seule de mes filles qui sois,
qui puisses te dire ma complice.
Qui sois complice avec moi, car toi et moi, moi par toi
Ensemble nous faisons tomber l'homme dans le piège de
mes bras
Et nous le prenons un peu par une surprise.
Mais on le prend comme on peut. Si quelqu'un le sait,
c'est moi.
Nuit tu es une belle invention
De ma sagesse.
Nuit ô ma fille la Nuit ô ma fille silencieuse
Au puits de Rébecca, au puits de la Samaritaine
C'est toi qui puises l'eau la plus profonde
Dans le puits le plus profond

O nuit qui berces toutes les créatures
Dans un sommeil réparateur.
O nuit qui laves toutes les blessures
Dans la seule eau fraîche et dans la seule eau profonde
Au puits de Rébecca tirée du puits le plus profond.
Amie des enfants, amie et sœur de la jeune Espérance
O nuit qui panses toutes les blessures
Au puits de la Samaritaine toi qui tires du puits le plus
    profond
La prière la plus profonde.
O nuit, ô ma fille la Nuit, toi qui sais te taire, ô ma fille
    au beau manteau.
Toi qui verses le repos et l'oubli. Toi qui verses le baume,
    et le silence, et l'ombre
O ma Nuit étoilée je t'ai créée la première.
Toi qui endors, toi qui ensevelis déjà dans une Ombre
    éternelle
Toutes mes créatures
Les plus inquiètes, le cheval fougueux, la fourmi labo-
    rieuse,
Et l'homme ce monstre d'inquiétude.
Nuit qui réussis à endormir l'homme
Ce puits d'inquiétude.
A lui seul plus inquiet que toute la création ensemble.
L'homme, ce puits d'inquiétude.
Comme tu endors l'eau du puits.
O ma nuit à la grande robe
Qui prends les enfants et la jeune Espérance
Dans le pli de ta robe
Mais les hommes ne se laissent pas faire.
O ma belle nuit je t'ai créée la première.
Et presque avant la première
Silencieuse aux longs voiles
Toi par qui descend sur terre un avant-goût
Toi qui répands de tes mains, toi qui verses sur terre
Une première paix
    Avant-coureur de la paix éternelle.
Un premier repos
    Avant-coureur du repos éternel.
Un premier baume, si frais, une première béatitude
    Avant-coureur de la béatitude éternelle.
Toi qui apaises, toi qui embaumes, toi qui consoles.
Toi qui bandes les blessures et les membres meurtris.

Toi qui endors les cœurs, toi qui endors les corps
Les cœurs endoloris, les corps endoloris,
Courbaturés,
Les membres rompus, les reins brisés
De fatigue, de soucis, des inquiétudes
Mortelles,
Des peines,
Toi qui verses le baume aux gorges déchirées d'amertume
Si frais
O ma fille au grand cœur je t'ai créée la première
Presque avant la première, ma fille au sein immense
Et je savais bien ce que je faisais.
Je savais peut-être ce que je faisais.
Toi qui couches l'enfant au bras de sa mère
L'enfant tout éclairé d'une ombre de sommeil
Tout riant en dedans, tout riant secret d'une confiance
    en sa mère.
Et en moi,
Tout riant secret d'un pli des lèvres sérieux
Toi qui couches l'enfant tout en dedans gonflé, débor-
    dant d'innocence
Et de confiance
Au bras de sa mère.
Toi qui couchais l'enfant Jésus tous les soirs
Au bras de la Très Sainte et de l'Immaculée.
Toi qui es la sœur tourière de l'espérance.
O ma fille entre toutes première. Toi qui réussis même,
Toi qui réussis quelquefois
Toi qui couches l'homme au bras de ma Providence
Maternelle
O ma fille *étincelante et sombre* je te salue
Toi qui répares, toi qui nourris, toi qui reposes
O *silence de l'ombre*
Un tel silence régnait avant la création de l'inquiétude.
Avant le commencement du règne de l'inquiétude.
Un tel silence régnera, mais un silence de lumière
Quand toute cette inquiétude sera consommée,
Quand toute cette inquiétude sera épuisée.
Quand ils auront tiré toute l'eau de puits.
Après la consommation, après l'épuisement de toute cette
    inquiétude
D'homme.
Ainsi ma fille tu es ancienne et tu es en retard

Car dans ce règne d'inquiétude tu rappelles, tu commé-
mores, tu rétablis presque,

Tu fais presque recommencer la Quiétude antérieure

Quand mon esprit planait sur les eaux.

Mais aussi ma fille étoilée, ma fille au manteau sombre,
tu es très en avance, tu es très précoce.

Car tu annonces, car tu représentes, car tu fais presque
commencer d'avance tous les soirs

Ma grande Quiétude de lumière

Éternelle.

Nuit tu es sainte, Nuit tu es grande, Nuit tu es belle.

Nuit au grand manteau.

Nuit je t'aime et je te salue et je te glorifie et tu es ma
grande fille et ma créature.

O belle nuit, nuit au grand manteau, ma fille au manteau
étoilé

Tu me rappelles, à moi-même tu me rappelles ce grand
silence qu'il y avait

Avant que j'eusse ouvert les écluses d'ingratitude.

Et tu m'annonces, à moi-même tu m'annonces ce grand
silence qu'il y aura

Quand je les aurai fermées.

O douce, ô grande, ô sainte, ô belle nuit, peut-être la
plus sainte de mes filles, nuit à la grande robe, à la
robe étoilée

Tu me rappelles ce grand silence qu'il y avait dans le
monde

Avant le commencement du règne de l'homme.

Tu m'annonces ce grand silence qu'il y aura

Après la fin du règne de l'homme, quand j'aurai repris
mon sceptre.

Et j'y pense quelquefois d'avance, car cet homme fait
vraiment beaucoup de bruit.

Mais surtout, Nuit, tu me rappelles cette nuit.

Et je me la rappellerai éternellement.

La neuvième heure avait sonné. C'était dans le pays de
mon peuple d'Israël.

Tout était consommé. Cette énorme aventure.

Depuis la sixième heure il y avait eu des ténèbres sur tout
le pays, jusqu'à la neuvième heure.

Tout était consommé. Ne parlons plus de cela. Ça me
fait mal.

Cette incroyable descente de mon fils parmi les hommes.

Chez les hommes.

Pour ce qu'ils en ont fait.

Ces trente ans qu'il fut charpentier chez les hommes.

Ces trois ans qu'il fut une sorte de prédicateur chez les
hommes.

Un prêtre.

Ces trois jours où il fut une victime chez les hommes.

Parmi les hommes.

Ces trois nuits où il fut un mort chez les hommes.

Parmi les hommes morts.

Ces siècles et ces siècles où il est une hostie chez les
hommes.

Tout était consommé, cette incroyable aventure

Par laquelle, moi, Dieu, j'ai les bras liés pour mon
éternité.

Cette aventure par laquelle mon Fils m'a lié les bras.

Pour éternellement liant les bras de ma justice, pour
éternellement déliant les bras de ma miséricorde.

Et contre ma justice inventant une justice même.

Une justice d'amour. Une justice d'Espérance. Tout était
consommé.

Ce qu'il fallait. Comme il avait fallu. Comme mes pro-
phètes l'avaient annoncé. Le voile du temple s'était
déchiré en deux, depuis le haut jusqu'en bas.

La terre avait tremblé; des rochers s'étaient fendus.

Des sépulcres s'étaient ouverts, et plusieurs corps des
saints qui étaient morts étaient ressuscités.

Et environ la neuvième heure mon Fils avait poussé

Le cri qui ne s'effacera point. Tout était consommé. Les
soldats s'en étaient retournés dans leurs casernes.

Riant et plaisantant parce que c'était un service de fini.

Un tour de garde qu'ils ne prendraient plus.

Seul un centenier demeurait, et quelques hommes.

Un tout petit poste pour garder ce gibet sans importance.

La potence où mon Fils pendait.

Seules quelques femmes étaient demeurées.

La Mère était là.

Et peut-être aussi quelques disciples, et encore on n'en
est pas bien sûr.

Or tout homme a le droit d'ensevelir son fils.

Tout homme sur terre, s'il a ce grand malheur

De ne pas être mort avant son fils. Et moi seul, moi Dieu,

Les bras liés par cette aventure,

Moi seul à cette minute père après tant de pères,
Moi seul je ne pouvais pas ensevelir mon fils.
C'est alors, ô nuit, que tu vins.
O ma fille chère entre toutes et je le vois encore et je
    verrai cela dans mon éternité
C'est alors ô Nuit que tu vins et dans un grand linceul
    tu ensevelis
Le Centenier et ses hommes romains,
La Vierge et les saintes femmes,
Et cette montagne, et cette vallée, sur qui le soir des-
    cendait,
Et mon peuple d'Israël et les pécheurs et ensemble celui
    qui mourait, qui était mort pour eux

Et les hommes de Joseph d'Arimathée qui déjà s'appro-
    chaient
Portant le linceul blanc[1].

DOSSIER

CHRONOLOGIE

1873. *7 janvier* : Naissance de Charles Pierre Péguy, à Orléans, 50, rue du faubourg Bourgogne. Fils unique de Désiré Péguy, menuisier, d'ascendance vigneronne, né à Saint-Jean-de-Braye le 21 février 1846. Celui-ci épouse à Orléans le 8 janvier 1872 Cécile Quéré, née à Moulins le 22 novembre 1846, fille naturelle d'Etiennette Quéré, originaire de Gennetines, dans l'Allier. Péguy a dix mois lorsque son père meurt, le 18 novembre 1873. Sa mère apprend le métier de rempailleuse de chaises.

1879. *Octobre* : Entrée à l'école primaire annexée à l'Ecole normale d'instituteurs du Loiret, 72, rue du faubourg Bourgogne. Scolarité remarquable.

1884. *Juillet* : Obtention du certificat d'études primaires.
     Octobre : Entrée à l'école primaire supérieure, à l'époque Ecole professionnelle, cloître Sainte-Croix.

1885. *Pâques* : Entrée en 6ᵉ au lycée d'Orléans, grâce à une bourse municipale de demi-pensionnaire obtenue par M. Naudy, directeur de l'Ecole normale du Loiret.
     25 juin : Première communion, après avoir suivi le catéchisme à l'église Saint-Aignan.

1885-1891 : De la sixième à la philosophie, études régulières et brillantes. Péguy suit les cours d'instruction religieuse jusqu'à la seconde.

1891. *21 juillet* : Il obtient le baccalauréat ès lettres.
     Octobre : Entrée au lycée Lakanal, à Sceaux, en première vétérans, comme boursier d'Etat.

1892. *Juillet* : Echec à l'Ecole normale supérieure.
     Septembre : Devançant l'appel, Péguy s'engage au 131ᵉ régiment d'infanterie, à Orléans, et bénéficie de la loi dite du « volontariat d'un an ».

1893. *Juillet* : Second échec à l'Ecole normale supérieure.
     Octobre : Avec une bourse du conseil d'administration, Péguy entre comme interne au collège Sainte-Barbe, à Paris, d'où il peut suivre les cours de rhétorique supérieure au lycée Louis-le-Grand. Il noue une profonde amitié avec Marcel Baudouin.

1894. *Août* : Admission à l'Ecole normale supérieure avec le numéro 6.

Voyage à Orange pour assister à la représentation d'*Antigone* et d'*Œdipe-Roi* de Sophocle.

Novembre : Il obtient la licence ès lettres, mention philosophie. Première année d'Ecole normale supérieure.

1895. *Mai* : Adhésion au socialisme.

Fin octobre : Voyage à Domrémy et à Vaucouleurs.

Novembre : Péguy se fait mettre en congé pour l'année scolaire. Il retourne à Orléans où il apprend la typographie, fonde un groupe socialiste, le « Groupe d'études sociales d'Orléans », et commence à rédiger la première *Jeanne d'Arc*.

1896. *Juin* : Visite de Marcel Baudouin à Orléans et conception de *Marcel, premier dialogue de la cité harmonieuse*.

25 juillet : Mort de Marcel Baudouin.

Novembre : Retour à l'Ecole normale supérieure pour une seconde année d'études.

1897. *Février* : Publication dans la *Revue socialiste* d'un premier article signé C.P. : « Un économiste socialiste, M. Léon Walras ». Six autres articles paraîtront dans la même revue sous les pseudonymes de Pierre Deloire et Jacques Deloire, entre autres un manifeste « De la cité socialiste » en août.

28 octobre : Mariage avec Charlotte Françoise Baudouin, née en 1879, sœur de l'ami disparu. Installation 7, rue de l'Estrapade (5ᵉ).

Novembre : Démissionnaire de l'Ecole normale supérieure, Péguy obtient une bourse d'agrégation et la permission de suivre, comme auditeur libre, les cours de Georges Lyon, et, à partir de février 1898, ceux de Bergson.

Décembre : Publication de *Jeanne d'Arc*, drame en trois pièces et vingt-quatre actes, sous la signature de Marcel et Pierre Baudouin. Cette trilogie retrace la vie entière de Jeanne : l'enfance, les batailles et le procès.

1898. *Février* : Péguy participe à la campagne pour Dreyfus en rendant visite à Zola et à Jaurès et en signant des pétitions pour la révision dans *L'Aurore* et *La Petite République*.

Mai : Péguy fonde une librairie socialiste sous le nom de librairie Georges Bellais, 17, rue Cujas (5ᵉ). Il y engage la dot de sa femme (40 000 francs-or).

Juin : Publication à la librairie Georges Bellais de *Marcel, premier dialogue de la cité harmonieuse*, sous la signature de Pierre Baudouin. Péguy y expose sa conception de la cité utopique dont il prépare l'avènement.

Août : Echec à l'agrégation de philosophie.

10 septembre : Naissance de Marcel Péguy, premier enfant de l'écrivain.

Novembre : Péguy entreprend la rédaction de *Pierre, commencement d'une vie bourgeoise*, autobiographie qu'il signe Pierre Baudouin et laisse inachevée. Elle sera publiée en 1931 par son fils Marcel Péguy.

15 novembre 1898-15 janvier 1899 : Publication dans *La Revue blanche* d'une série de cinq articles qui, sous le pseudonyme de Jacques Laubier, militent pour Dreyfus. L'un d'eux oppose à la Ligue de la Patrie française le patriotisme de l'Internationale socialiste.

1899. *1er février-15 novembre* : Péguy signe de son nom onze articles dans *La Revue blanche*, où il fustige la lenteur des socialistes à prendre parti pour Dreyfus et, dans ce combat, soutient Jaurès contre Guesde.

Juillet : Installation à Saint-Clair, près d'Orsay.

Août : Par suite de difficultés financières, la librairie Georges Bellais se transforme en Société nouvelle de librairie et d'édition. Lucien Herr et Léon Blum font partie du conseil d'administration. Péguy n'est plus que « délégué » à l'édition.

Décembre : Un congrès des organisations socialistes ayant voté l'instauration d'un contrôle de la presse socialiste, Péguy décide de publier en toute liberté des cahiers de documentation et de réflexion. Il rompt avec Lucien Herr qui le traite d'anarchiste.

1900. *5 janvier* : Premier numéro des *Cahiers de la Quinzaine*, dont l'adresse provisoire est 19, rue des Fossés-Saint-Jacques, chez les Tharaud. En guise de manifeste, la *Lettre du provincial* donne une seule consigne : « dire la vérité ».

Février-avril : Dans *De la grippe*, *Encore de la grippe* et *Toujours de la grippe*, Péguy ridiculise la démagogie socialiste et rejette le dogme catholique de l'enfer (Cahier I-4, I-6, I-7).

Novembre : Les *Cahiers* s'installent 16, rue de la Sorbonne, dans l'immeuble de l'Ecole des hautes études sociales. Péguy prend André Bourgeois comme administrateur.

29 novembre : Premier cahier de la deuxième série, chaque série couvrant une année scolaire et non une année civile.

1901. *2 mars* : Dans *Casse-cou*, Péguy met en garde Jaurès contre le danger de lier le socialisme à un système philosophique (Cahier II-7).

15 juillet : La famille Péguy déménage à Orsay, rue des Sablons.

7 septembre : Naissance de Germaine Péguy, seconde enfant de l'écrivain.

Octobre : Installation définitive des *Cahiers* 8, rue de la Sorbonne.

5 décembre : Dans *De la raison,* Péguy se dresse contre toute métaphysique d'Etat et formule un bon usage de la raison (Cahier III-4).

1902. *5 avril* : *Personnalités* plaide pour la nécessité d'incarner les idées dans des hommes (Cahier III-12).

4 novembre : A propos d'un roman d'A. Lavergne sur les instituteurs, *De Jean Coste* oppose misère et pauvreté (Cahier IV-3).

4 décembre : Dans *Les Récentes Œuvres de Zola*, Péguy regrette que, dans ses derniers romans, l'auteur de *J'accuse* célèbre les conquêtes de la bourgeoisie plutôt que l'évangile socialiste (Cahier IV-5).

1903. *12 mai* : *Débats parlementaires*, offre une critique du parlementarisme (Cahier IV-18).

16 juin : *Reprise politique parlementaire* poursuit l'analyse de la décomposition du dreyfusisme (Cahier IV-20).

25 juin : Naissance de Pierre Péguy, troisième enfant de l'écrivain.

1904. *Janvier-février* : Dans trois conférences sur *L'Anarchisme politique*, Péguy distingue « l'autorité de commandement » de « l'autorité

162

de compétence » (textes publiés en 1969 dans les *Œuvres posthumes* éditées par Jacques Viard).

1ᵉʳ mars : L'*Avertissement au cahier Mangasarian* établit qu'une révolution est une plus pleine tradition (Cahier V-11).

30 octobre : *Zangwill* entame une longue critique des méthodes historiques positivistes (Cahier VI-3).

8 novembre : *Un essai de monopole* décrit ce que pourrait être un totalitarisme de gauche (Cahier VI-4).

1905. *29 janvier* : *La Délation aux Droits de l'homme* flétrit le combisme (Cahier VI-9).

Juillet-septembre : La menace allemande inspire à Péguy *Notre patrie* (Cahier VII-3) et *Par ce demi-clair matin* (publié en 1952). Il écrit également *L'Esprit de système* où il s'en prend au terrorisme idéologique (publié en 1953).

12 décembre : *Les Suppliants parallèles* montre l'actualité de la tragédie grecque et invite à ne pas confondre révolte et révolution (Cahier VII-7).

26 décembre : *Louis de Gonzague* exhorte à une vigilance tranquille devant l'éventualité d'une guerre (Cahier VII-8).

1906. *Juillet-septembre* : Continuant les analyses entreprises en 1904 dans *Zangwill*, Péguy écrit *De la situation faite à l'histoire et à la sociologie dans les temps modernes* (Cahier VIII-13), *De la situation faite au parti intellectuel dans le monde moderne* (VIII-5), *Cahiers de la Quinzaine* (VIII-11) et *Brunetière* (publié en 1953), où il approfondit sa critique des héritiers de Taine et de Renan.

1907. *Mars* : Péguy confie à Jacques Maritain son nouveau cheminement vers la foi chrétienne.

Juillet-septembre : Poursuivant les investigations de 1904 et 1906, *De la situation faite au parti intellectuel devant les accidents de la gloire temporelle* s'achève sur un poème en prose à la gloire de Paris, de la Beauce et du Val de Loire (Cahier IX-1).

Décembre : *Un poète l'a dit* ajoute de nouveaux arguments à la critique de la métaphysique moderne (publié en 1953).

1908. *Janvier* : Installation de la famille Péguy, toujours dans la vallée de Chevreuse, à Lozère, dans la Maison des Pins.

Printemps-été : *Deuxième élégie XXX* oppose le savant au philosophe, le classique au romantique et célèbre l'Ile-de-France (publié en 1955).

10 septembre : Atteint d'une grave maladie et au comble de la détresse, Péguy fait confidence à Joseph Lotte de sa nouvelle adhésion au catholicisme.

Octobre-décembre : Commencement de la *Thèse*, réflexion sur la philosophie des sciences, où l'auteur oppose aux trois états d'Auguste Comte sa propre théorie de l'âge empirique, de l'âge scientifique et de l'âge de la compétence (publié en 1955).

Décembre : Jacques Maritain tente en vain de faire accepter à Péguy un directeur de conscience.

1909. *16 juin* : Dépôt en Sorbonne du titre exact de la thèse, *De la situation faite à l'histoire dans la philosophie générale du monde moderne*. Ce travail ne sera jamais achevé.

20 juin : Tragique bilan de dix ans de gestion des *Cahiers*, *A nos amis, à nos abonnés* (Cahier X-13) se poursuit avec *Nous sommes des vaincus* (publié en 1953).

Juillet : Maladroite intervention de Maritain pour persuader Mme Péguy de faire baptiser ses enfants.

Juillet-août : Péguy commence les dialogues de l'histoire dont la rédaction se continuera jusqu'en 1913 et qui ne paraîtront qu'après sa mort. Le *Dialogue de l'histoire et de l'âme charnelle* est un pamphlet contre la « faute de mystique » des chrétiens qui ont oublié le temporel (publié en 1955 sous le titre de *Véronique*). Le *Dialogue de l'histoire et de l'âme païenne* associe à une nouvelle critique des méthodes historiques une méditation sur la vieillisse-ment et la mort (publié en 1917 sous le titre de *Clio*).

1910. *16 janvier* : Le *Mystère de la charité de Jeanne d'Arc* reprend et amplifie l'interrogation sur l'enfer de la première *Jeanne d'Arc* et suggère une issue dans la contemplation de la Passion du Christ, séquen-ce écrite en vers libres (Cahier XI-6).

12 juillet : *Notre jeunesse* dresse un bilan de l'affaire Dreyfus et, à travers le portrait de Bernard-Lazare, montre la dégradation de la mystique en politique (Cahier XI-12). « Tout parti vit de sa mystique et meurt de sa politique. »

30 juillet : Mariage de Blanche Raphaël, habituée des *Cahiers*, pour laquelle Péguy éprouve une passion douloureusement surmon-tée.

23 octobre : *Victor-Marie, comte Hugo* évoque les ancêtres vignerons de Péguy, renouvelle le parallèle Corneille-Racine et voit dans Hugo un prophète païen de Jésus (Cahier XII-1).

1911. *Avril* : Péguy publie chez Grasset ses *Œuvres choisies* 1900-1910.

8 juin : L'Académie française lui décerne le prix Estrade-Delcros (8 000 F), à défaut du Grand prix de Littérature (10 000 F) qui n'est pas attribué.

24 septembre : *Un nouveau théologien M. Fernand Laudet* foudroie les catholiques bien-pensants en célébrant « toute la vie privée, toute la vie obscure, toute la vie non publique » de Jésus, « qui est essentiellement le Dieu des pauvres, des misérables, des ou-vriers, par conséquent de ceux qui n'ont plus une vie publique. Le ciel est un ciel de petites gens » (Cahier XIII-2).

22 octobre : Écrit en vers libres, *Le Porche du mystère de la deuxième vertu* introduit à la contemplation de la « petite fille espérance » (Cahier XIII-4).

Octobre-décembre : Rédaction de la *Ballade de la peine*, première par-tie de la *Ballade du cœur*, poème en quatrains réguliers où Péguy rumine son amour malheureux pour Blanche Raphaël (publié en 1941, éd. complète en 1975).

1912. *24 mars* : Le *Mystère des Saints Innocents* revient au vers libre et approfondit la contemplation de l'enfance (Cahier XIII-12).

Avril : Rédaction de la *Ballade de la grâce*, seconde partie de la *Ballade du cœur*, où la parabole de l'enfant prodigue purifie l'hom-me égaré par les passions (publié en 1941, éd. complète en 1975).

14-17 juin : Premier pèlerinage à Chartres, en compagnie d'Alain-Fournier jusqu'à Dourdan.

10 novembre : Péguy publie dans la revue *Le Correspondant* quatre
Sonnets et *Les Sept contre Thèbes*, écrits en alexandrins.
25 novembre : Publication dans l'hebdomadaire *L'Opinion* de *Châ-
teaux de Loire.*
1er décembre : *La Tapisserie de sainte Geneviève et de Jeanne d'Arc* propose
un ensemble de pièces qui, partant du sonnet, culminent en un
poème de neuf cents alexandrins sur les « armes de Jésus » et les
« armes de Satan » (Cahiers XIV-5).

1913. *16 février* : *L'Argent* évoque l'enfance de Péguy, les jeunes institu-
teurs « beaux comme des hussards noirs » qui lui enseignaient la
République, les ouvriers qui aimaient « l'ouvrage bien faite »
(Cahier XIV-6) : « J'ai vu toute mon enfance rempailler des chai-
ses exactement du même esprit et du même cœur, et de la même
main, que ce même peuple avait taillé ses cathédrales. »
10 mars : Publication dans *La Grande Revue* des *Sept contre Paris.*
22 avril : *L'Argent suite* exalte la défense nationale au nom des
Droits de l'homme et fustige le pacifisme de Lavisse et de Jaurès,
en même temps qu'il ridiculise Lanson (Cahier XIV-9).
11 mai : Toujours en alexandrins, *La Tapisserie de Notre Dame* réunit
la *Présentation de la Beauce à Notre Dame de Chartres* et les *Prières dans
la cathédrale de Chartres* (Cahier XIV-10).
25-28 juillet : Second pèlerinage à Chartres.
Août : Installation de la famille Péguy à Bourg-la-Reine, 7, rue
André-Theuriet.
16 août : Publication dans *Le Figaro* de *Sainte Geneviève patronne de
Paris.*
28 décembre : En huit mille alexandrins, *Eve* offre une somme théo-
logique et mystique du christianisme de Péguy, épopée de l'inno-
cence perdue et de l'incarnation du Fils de Dieu dans l'histoire
humaine (Cahier XV-4).

1914. *20 janvier* : Sous le pseudonyme de Durel, Péguy donne un com-
mentaire d'*Eve* dans le *Bulletin des professeurs catholiques de l'Université*
que dirige Joseph Lotte.
Mars : Parution chez Ollendorff de *Morceaux choisis des œuvres poéti-
ques 1912-1913.*
26 avril : La *Note sur M. Bergson et la philosophie bergsonienne* fait l'apo-
logie des « méthodes souples » contre les « méthodes raides »
(Cahier XV-8). « Ce sont les morales souples et non pas les
morales raides qui exercent les contraintes les plus implacable-
ment dures... C'est pour cela que le plus honnête homme n'est
pas celui qui entre dans les règles apparentes. C'est celui qui
reste à sa place, travaille, souffre, se tait. »
Mai-juillet : Poursuivant la défense de Bergson, la *Note conjointe sur
M. Descartes et la philosophie cartésienne* (inachevée, publiée en 1924)
s'en prend aux néo-thomistes (Maritain) qui font mettre à l'In-
dex leur meilleur allié (Bergson) dans la lutte de l'Evangile
contre le livret de Caisse d'épargne. « Quand on donne aux
gamins des écoles primaires des livrets de caisse d'épargne, on a
bien raison. Car on leur donne le bréviaire même du monde
moderne... C'est-à-dire un brevet d'avarice et de vénalité dans
l'ordre du cœur... De même que les Evangiles sont un ramasse-

ment total de la pensée chrétienne, de même le livret de caisse d'épargne est le livre et le total ramassement de la pensée moderne. »

12 juillet : Deux cent vingt-neuvième et dernier *Cahier de la Quinzaine*.

2 août : Péguy est mobilisé comme lieutenant de réserve.

11-28 août : Campagne de Lorraine avec le 276ᵉ régiment d'infanterie, 19ᵉ compagnie.

15 août : Péguy entend la messe de l'Assomption dans la paroisse de Loupmont.

29 août-4 septembre : Retraite à pied vers Paris.

5 septembre : Péguy est tué à la tête de sa section, près de Villeroy, le premier jour de la bataille de la Marne.

1915 *4 février* : Naissance de Charles-Pierre Péguy, fils posthume.

Cette chronologie doit beaucoup aux chronologies établies par Julie Sabiani (*La Ballade du cœur*, 1973), Georges Dalgues (Cahier de l'Herne sur *Péguy*, 1977) et Simone Fraisse (*Péguy*, 1979). Pour la période antérieure à 1905, nous ne donnons que les principales œuvres de Péguy.

NOTICE

Le Porche du mystère de la deuxième vertu est une œuvre d'une seule coulée, qui se suffit à elle-même. C'est aussi le second volet d'un triptyque dont l'auteur rêvait de faire un polyptyque. « Je vois une douzaine de volumes », disait Péguy à Lotte le 1er avril 1910 (*Lettres et entretiens*, réunis par Marcel Péguy, éd. de Paris, 1954, p. 68). Trois seront réalisés. *Le Mystère de la charité de Jeanne d'Arc*, publié le 16 janvier 1910, est la reprise considérablement augmentée du début d'une vaste pièce de théâtre, *Jeanne d'Arc*, antérieure de treize ans. *Le Porche du mystère de la deuxième vertu*, sorti le 22 octobre 1911, continue l'œuvre sous la forme d'un immense monologue. *Le Mystère des Saints Innocents*, paru le 24 mars 1912, poursuit le soliloque en ressuscitant parfois le dialogue, ce qui ramène incidemment le texte à un aspect voisin de celui du *Mystère de la charité*.

Etrange et irrésistible évolution vers l'intériorité. La première *Jeanne d'Arc* était une œuvre dramatique aux dimensions shakespeariennes, avec de multiples personnages et de nombreux changements de scène. Le *Mystère de la charité* est un oratorio à trois personnages et un seul lieu. Le *Porche* et les *Saints Innocents* sont une effusion contemplative à personnage unique et n'ayant d'autre lieu qu'intime. D'une épopée théâtrale, on est passé à un poème mystique.

Péguy commence d'écrire le *Porche* le 9 juillet 1910, ainsi qu'il l'annonce ce jour-là à son ami Lotte (*Lettres et entretiens*, p. 77-78). Il interrompt presque aussitôt sa rédaction pour écrire en août et septembre un important texte en prose, *Victor-Marie, comte Hugo*. Le 17 septembre, parlant du *Porche*, il dit à Lotte que sa « seconde Jeanne d'Arc paraîtra pour les Rois », à l'aube de l'an prochain (*Lettres et entretiens*, p. 79). En fait, l'essentiel de l'ouvrage sera rédigé, semble-t-il, entre janvier et août 1911.

Dès le 17 mars 1910, au lendemain de la sortie du *Mystère de la charité*, Jacques Copeau a demandé pour *La Nouvelle Revue française*, jeune périodique qui est entré dans sa seconde année, un fragment de l'œuvre en préparation (*Feuillets de l'Amitié Charles Péguy* n° 44, mars 1955, p. 4). Péguy ne dit pas non, donne même sa promesse à Gide. Pendant l'élaboration du *Porche*, Jean Schlumberger relance l'auteur à plusieurs reprises. Finalement, Péguy préfère sortir le poème d'un bloc, sans prépublication (*Correspondance Péguy-Schlumberger*, L'*Amitié Charles Péguy*, n° 5, janvier-mars 1979, p. 55-56). *La Nouvelle Revue française* se borne à reproduire un extrait, le 1er décembre 1911, dans sa rubrique « Lectures ».

Paru le 22 octobre 1911 dans le quatrième cahier de la treizième série, le *Porche* connaît presque aussitôt un second tirage, sous la couverture d'Emile-Paul. Cet éditeur continue de diffuser l'ouvrage jusqu'à la mort du poète, en 1914. L'ensemble des œuvres de Péguy, éditées ou inédites, passe alors aux Editions de la Nouvelle Revue française, dirigées par Gaston Gallimard, qui s'en assure l'exclusivité. Le *Porche* est repris en 1918 dans le tome V des *Œuvres complètes*, en compagnie du *Mystère de la charité*. Suivent en 1929 l'édition courante dans la collection blanche, constamment réimprimée depuis lors, et en 1941 l'insertion dans les *Œuvres poétiques complètes* de la Pléiade, par les soins de Pierre Péguy. En 1957, une nouvelle édition de la Pléiade s'enrichit de notes et variantes dues à Marcel Péguy. L'édition de 1975 ne fait que reprendre ce texte et ces notes. Il n'existe pas d'édition critique du *Porche*.

A sa sortie, l'œuvre ne reçut pas l'accueil enthousiaste qui avait accueilli le *Mystère de la charité*. Plusieurs raisons contribuèrent à ce silence (qui, cinq mois plus tard, se transforma en « silence de plomb » pour les *Saints Innocents*). D'une part, il est constant que la suite d'un ouvrage ne bénéficie pas du même écho dans la presse ni de la même faveur auprès du public que le premier texte. Le succès de curiosité s'émousse. Ensuite le triomphe du *Mystère de la charité* provenait dans une large mesure d'une exploitation politique fondée sur un malentendu (le repentir d'un ancien dreyfusard) que Péguy s'empressa de dissiper en deux vigoureux essais, *Notre jeunesse* et *Victor-Marie, comte Hugo*. Enfin l'année 1911, avec l'obtention ratée du Grand prix de l'Académie française et la polémique contre Fernand Laudet, directeur de la *Revue hebdomadaire*, vit Péguy se lancer dans de nouvelles batailles qui, tout en ranimant épisodiquement l'intérêt autour de lui, achevèrent de le classer parmi les marginaux irrécupérables. Pendant les trois ans qui lui restaient à vivre, Péguy fut un écrivain qu'on n'ignorait plus mais dont on se méfiait, tant à droite qu'à gauche, et autour duquel on se taisait.

Certains témoignages privés n'en furent que plus doux au cœur du poète. Nous reproduisons ceux de Gide, Schlumberger, Bremond, Rolland. Nous les accompagnons d'un jugement plus récent, formulé en 1962 par le théologien catholique Hans von Balthasar, qui exprime avec une suffisante amplitude la grandeur du *Porche du mystère de la deuxième vertu*.

JUGEMENTS

Mon cher Péguy, vous êtes décidément un prodigieux bonhomme. Ce Porche du mystère de la deuxième vertu *m'épate peut-être plus encore que* Le Mystère de la charité. *Je l'ai lu hier soir tout d'une haleine, comme il faut vous lire, et toute affaire cessante. Il me semblait être à l'orgue et jouer une fugue de Bach (...)*

ANDRÉ GIDE
(Lettre à Péguy, 27 octobre 1911, dans *Bulletin des amis d'André Gide,* n° 62, avril 1984, p. 190)

Je ne puis me retenir, mon cher Péguy, de vous dire mon émotion. Il n'était pas facile de ne pas nous décevoir. La première *Jeanne d'Arc* (i.e. *Le Mystère de la charité*) s'élevait à un tel pathétique que nous étions tous prêts à trouver celle-ci moins belle. Vous nous laissez dans une sorte d'attente insatisfaite puisque vous ne nous avez montré Jeanne que par allusion ; mais dans la familiarité des saints et des saintes qui ornent ce porche nous attendons bien volontiers ; nous aimons cette piété hardie, contrainte, sensée et qui n'a pas, comme vous dites, froid aux yeux ; et nous aimons surtout une si neuve poésie, une poésie si généreuse, si dédaigneuse de nos petites cérémonies à nous autres. Et nous penserons à vous chaque fois que nos enfants nous présenteront leurs cheveux à embrasser.

JEAN SCHLUMBERGER

(Lettre à Péguy, 24 octobre 1911, dans *L'Amitié Charles Péguy,* n° 6, janvier-mars 1979, p. 56-57)

Cher Monsieur, c'est tout à fait beau. Votre petite espérance, fraî- che, neuve et qui parle comme on parlera encore dans trois cents ans — et toujours — a toute la vive grâce, la chair et le sang des statues de Troyes. Je pense à ce pauvre Huysmans, avec son prétendu *primitivisme*. Je l'aimais bien parce qu'il était sincère et parce que les pharisiens le détestaient, mais quelle différence, quelles différences ! Lui misogyne nigaud et votre petite espérance est femme — lui qui n'a jamais vu un enfant sans grincer des dents et votre espérance est une toute petite fille (...)

Enfin, je suis ravi et qui mieux est, très profondément touché, et plus encore, reconnaissant — non pas seulement pour moi chétif et qui aurais dû trouver tout cela depuis longtemps dans la *loi* et les *pro- phètes*, Villon compris, mais pour la foule que personne n'évangélise plus et à qui vous apportez la bonne nouvelle.

HENRI BREMOND

(Lettre à Péguy, 7 novembre 1911, dans *Feuillets de L'Amitié Charles Péguy,* n° 171, 10 septembre 1971, p. 10-11)

Je lis le second cahier de la *Jeanne d'Arc* de Péguy — ce titre pur moyen-âge : *Le Porche du mystère de la deuxième vertu* (...) Avec ses défauts exaspérants et monstrueux, c'est une œuvre de génie. Je ne puis rien lire après Péguy. Tout le reste est littérature. Il est la force la plus géniale de la littérature européenne. D'ailleurs, purement et étroite- ment français.

ROMAIN ROLLAND

(*Journal,* commencement 1912, cité par Alfred Saffrey dans *Une amitié française, correspondance Péguy-R. Rolland,* Albin Michel, 1955, p. 154-155)

Par une contemplation patiente de la réalité unique, à la fois natu- relle et surnaturelle, par un approfondissement constant et une comparaison de ses découvertes une fois acquises, Péguy, qui n'est certes pas un théologien de profession, a réalisé une ouverture vers une théologie totale de l'espérance, et cette ouverture se fait aujourd'hui sentir, doucement mais continûment, dans un changement de structure de la construction théologique (...)

Tout l'art et toute la théologie de Péguy débouchent de plus en plus dans la prière, sans qu'on puisse dire exactement si cette prière est un dialogue ou un monologue de Dieu. C'est un dialogue avec Dieu (avant tout dans *Le Mystère de la charité de Jeanne d'Arc*), mais qui entre de plus en plus dans un monologue de Dieu le Père qui maintenant s'adresse indistinctement à son Fils, aux hommes de sa création et à lui-même. C'est la forme de la théologie comme entretien trinitaire, ce qui n'avait jamais été réalisé avant Péguy et ce qui ne pouvait être osé par le poète que grâce à la simplicité et au caractère populaire du discours : celui-ci évite toute apparence d'élévation et pourtant ne dégénère jamais en vulgarité et en une fausse familiarité. Seule la foi en le Saint-Esprit peut faire parler Dieu.

HANS VON BALTHASAR
(*La Gloire et la croix*, tome II : *Styles*, 1962, trad. de
R. Givord et H. Bourboulon, Aubier, 1972, p. 359 et 370)

BIBLIOGRAPHIE

Pour une bibliographie quasi exhaustive, il faut se reporter à Pia Vergine, *Studi su Charles Péguy, Bibliografia critica ed analitica (1893-1978)*, Lecce, Milella, 1982, 2 vol., 1110 p. Jean Bastaire a donné une bibliographie plus restreinte, rassemblant et amplifiant les bibliographies antérieures, dans le Cahier de l'Herne consacré à Péguy en 1977.

ŒUVRES DE PÉGUY

1) *Cahiers de la Quinzaine*

Toutes les œuvres de Péguy publiées de son vivant, sauf quelques poèmes, ont paru dans les *Cahiers de la Quinzaine*. Sont disponibles en librairie la série des pré-cahiers (1897-1899) et les trois premières séries (1900-1902), regroupées en onze volumes et reproduites par Slatkine reprints, diffusion Champion.

2) *Œuvres complètes*

Publiées de 1916 à 1955 chez Gallimard, la collection dite des *Œuvres complètes*, comportant vingt volumes in-octavo, a rendu de grands services, mais se trouve déficiente pour bon nombre de pages en prose et en vers et par son classement des textes.

La collection de la Pléiade, toujours chez Gallimard, a progressivement pallié ces lacunes. Trois volumes ont donné les *Œuvres poétiques complètes* (1941, dernière éd. augmentée en 1975), les *Œuvres en prose 1909-1914* (1957, éd. augmentée en 1968) et les *Œuvres en prose 1898-1908* (1959). Une refonte complète est en cours, par les soins de Robert Burac, qui donnera en quatre volumes l'intégralité des textes de Péguy.

3) *Éditions courantes*

Dans la collection blanche, vingt-trois volumes ont paru chez Gallimard, offrant l'essentiel des œuvres en prose et en vers.

En édition de poche, toujours chez Gallimard, la collection « Poésie » reproduit *Les Tapisseries* (1968), la collection « Idées » *Notre jeunesse* (1969) et *Péguy tel qu'on l'ignore,* anthologie de Jean Bastaire (1973).

Deux volumes édités par les Cahiers de l'Amitié Charles Péguy, diffusion Minard, donnent les *Notes politiques et sociales* présentées par André Boisserie (1957) et les *Œuvres posthumes de Charles Péguy* présentées par Jacques Viard (1969).

4) *Éditions critiques*

Il n'en existe que trois :
— *Le Mystère de la charité de Jeanne d'Arc,* avec deux actes inédits, éd. critique établie par Albert Béguin, Club du Meilleur Livre, 1956.
— *La Ballade du cœur,* éd. critique établie par Julie Sabiani, Klincksieck, 1973.
— *De Jean Coste,* éd. critique établie par Anne Roche, Klincksieck, 1975.

5) *Correspondance*

La source principale est constituée par les *Feuillets de l'Amitié Charles Péguy* (1948-1977) et par le bulletin *L'Amitié Charles Péguy* qui, depuis 1978, leur fait suite (chez F. Gerbod, 35, rue du Mont-Valérien, 92210 Saint-Cloud). On y trouve plus de trois mille lettres de Péguy ou adressées à Péguy.

On y ajoutera les volumes suivants :
— *Le Péguy que j'ai connu,* par Maurice Reclus, Hachette, 1951 (lettres à Geneviève Favre).
— *Lettres et entretiens,* présentés par Marcel Péguy, Ed. de Paris, 1954 (lettres à Louis Baillet et à Joseph Lotte).
— *Pour l'honneur de l'esprit,* introduction et notes par Auguste Martin, Albin Michel, 1973 (lettres à Romain Rolland).
— *Correspondance de Charles Péguy et Alain-Fournier,* présentation et notes par Yves Rey-Herme, Fayard, 1973.
— *Claudel et Péguy,* par Henri de Lubac et Jean Bastaire, Aubier, 1974.
— *Correspondance de Charles Péguy et Louis Boitier,* présentation et commentaire de Jacques Birnberg, Cahiers de l'Amitié Charles Péguy, 1976.
— *Correspondance de Charles Péguy et Pierre Marcel,* présentation et notes par Julie Sabiani, Cahiers de l'Amitié Charles Péguy, 1980.

6) *Enregistrements sonores*

— *Charles Péguy,* choix de textes par Pierre Sipriot, lus par Madeleine Renaud, Claude Nollier, Alain Cuny, Pierre Vaneck, Edition Lucien Adès, 1973 (disque du centenaire).
— *Dit Dieu,* textes de Charles Péguy choisis par Robert Marcy, lus par Denise Bosc et Robert Marcy, Edition Audivis, 1983, AV 5371 (cassette donnant des extraits du *Porche* et des *Saints Innocents*).

Elles sont fort nombreuses. Nous nous contenterons d'indiquer les principaux titres parus depuis un quart de siècle, avec un rappel d'essais plus anciens.

1) *Ouvrages d'initiation*

— *Péguy*, par Bernard Guyon, Hatier, coll. « Connaissance des Lettres », 1960, nouv. éd. revue 1973.
— *Péguy*, par Yves Rey-Herme, Bordas, coll. « Présence littéraire », 1973.
— *Péguy*, par Simone Fraisse, Seuil, coll. « Écrivains de toujours », 1979.

2) *Principales édudes*

— *Saint-John Perse et quelques devanciers, études sur le poème en prose*, par Monique Parent, Klincksieck, 1960 (étude sur la phrase poétique de Péguy dans le *Porche*).
— *La Gloire et la croix*, tome II : *Styles*, par Hans Urs von Balthasar, 1962, trad. de R. Givord et H. Bourboulon, Aubier, 1972.
— *Introduction aux « Mystères » de Péguy*, par Jean Onimus, Cahiers de l'Amitié Charles Péguy, 1962.
— *La Religion de Péguy*, par Pie Duployé, Klincksieck, 1965.
— *L'Univers féminin dans l'œuvre de Péguy*, par Robert Vigneault, Desclée de Brouwer, 1967.
— *Péguy entre Jaurès, Bergson et l'Église*, par André Robinet, Seghers, 1968 (réimprimé sous le titre *Métaphysique et politique selon Péguy*).
— *Philosophie de l'art littéraire et socialisme selon Péguy*, par Jacques Viard, Klincksieck, 1969.
— *Péguy et Israël*, par Lazare Prajs, Nizet, 1970.
— *Péguy et le nationalisme français*, par Eric Cahm, Cahiers de l'Amitié Charles Péguy, 1972.
— *Péguy soldat de la vérité*, suivi de *Péguy aujourd'hui*, par Roger Secrétain, Perrin, 1972.
— *Proust et Péguy, des affinités méconnues*, par Jacques Viard, University of London, The Athlone Press, 1972.
— *Péguy et le monde antique*, par Simone Fraisse, Colin, 1973.
— *Les Critiques de notre temps et Péguy*, par Simone Fraisse, Garnier, 1973.
— *Charles Péguy*, par Marie-Clotilde Hubert, Bibliothèque nationale, 1974 (catalogue de l'exposition du centenaire).
— *Claudel et Péguy*, par Henri de Lubac et Jean Bastaire, Aubier, 1974.
— *Péguy devant Dieu*, par Bernard Guyon, Desclée de Brouwer, 1974.
— *Péguy et l'Allemagne*, par Raymond Winling, université de Lille III et Champion, 1975.
— *Péguy et Renan*, par Raymond Winling, université de Lille III et Champion, 1975.

— *Péguy l'insurgé,* par Jean Bastaire, Payot, 1975.
— *Péguy et le Moyen Âge,* par Simone Fraisse, Champion, 1978.
— *Ipotesi e proposte esistenziali. Introduzione a Péguy,* par Angelo Prontera, Lecce, Milella, 1980.
— *Ecriture et histoire dans l'œuvre de Péguy,* par Françoise Gerbod, service de reproduction des thèses, université de Lille III, 1981.
— *Charles Péguy,* par Henri Guillemin, Seuil, 1981.
— *Péguy entre l'ordre et la révolution,* par Géraldi Leroy, Presses de la Fondation nationale des Sciences politiques, 1981.
— *Péguy en son temps,* par Géraldi Leroy et Julie Sabiani, Orléans, Centre Charles Péguy, 1982.
— *Péguy et ses « Cahiers de la Quinzaine »,* par Frantisek Laichter, Maison des Sciences de l'Homme et l'Amitié Charles Péguy, 1985.

3) *Numéros spéciaux et volumes collectifs*

— *Péguy reconnu,* n° spécial de la revue *Esprit,* août-septembre 1964.
— *Actes du colloque international d'Orléans 1964,* Cahiers de l'Amitié Charles Péguy, 1966.
— *L'Esprit républicain,* colloque d'Orléans 1970, Klincksieck, 1972.
— *Littérature et société,* mélanges offerts à Bernard Guyon, Desclée de Brouwer, 1973.
— *Péguy,* n° spécial de la *Revue d'Histoire littéraire de la France,* mars-juin 1973.
— *Charles Péguy et la critique littéraire,* n° spécial de l'*Australian Journal of French Studies,* 1973, vol. X, n° 1.
— *Rencontres avec Péguy,* colloque de Nice 1973, Desclée de Brouwer, 1975.
— *Péguy mis à jour,* colloque de Montréal 1973, Québec, Les Presses de l'Université Laval, 1976.
— *Péguy,* Cahier de l'Herne, 1977.
— *Péguy écrivain,* colloque d'Orléans 1973, Klincksieck, 1978.
— *Péguy vivant,* colloque international de Lecce 1977, Lecce, Milella, 1978.
— *Charles Péguy chez des protestants,* n° spécial de la revue *Foi et Vie,* mars 1982.
— *Péguy et l'espérance,* n° spécial de la revue *Vives flammes,* Venasque, Ed. du Carmel, 1982, n° 137.
— *Péguy homme du dialogue,* collogue en Sorbonne, 1983, Cahiers de l'Amitié Charles Péguy, 1986.

4) *Revue des Lettres Modernes, série « Charles Péguy »*

Sous la direction de Simone Fraisse, la *Revue des Lettres Modernes,* éditée par M.-J. Minard, publie une série de numéros sur Péguy dont chacun est consacré à un thème :
— *Polémique et théologie, Le « Laudet »* (1980).
— *Les « Cahiers de la Quinzaine »* (1983).
— *Péguy romantique malgré lui* (1986).

5) *Essais plus anciens*

— *Avec Charles Péguy, de la Lorraine à la Marne,* par Victor Boudon, Hachette, 1916 (édition revue et augmentée sous le titre *Mon lieutenant Charles Péguy,* Albin Michel, 1964).

— *Notre cher Péguy,* par Jérôme et Jean Tharaud, Plon, 2 vol., 1926.

— *Pour les fidèles de Péguy,* par Jérôme et Jean Tharaud, L'Artisan du Livre, « Cahiers de la Quinzaine », nouvelle série, XVIII-12, 1927 (édition augmentée, Dumas, 1949).

— *La Pensée de Charles Péguy,* par Emmanuel Mounier, Marcel Péguy et Georges Izard, Plon, coll. « Le roseau d'or », 1931.

— *Péguy et les Cahiers de la Quinzaine,* par Daniel Halévy, Grasset, 1941 (réimprimé en livre de poche, coll. « Pluriel », 1979, avec une préface de Robert Debré, et une introduction et des notes d'Eric Cahm).

— *Le Destin de Charles Péguy,* par Marcel Péguy, Perrin, 1941.

— *La Prière de Péguy,* par Albert Béguin, Neuchâtel, Ed. de la Baconnière, « Cahiers du Rhône », Bleu III, 1942.

— *Jeunesse de Péguy,* par A. Mabille de Poncheville, Ed. Alsatia, 1943.

— *Connaissance de Péguy,* par Jean Delaporte, Plon, 2 vol., 1944 (refondu sous le titre *Péguy dans son temps et dans le nôtre,* coll. 10-18, 1967).

— *Péguy,* par Romain Rolland, Albin Michel, 2 vol., 1944 (réédité avec une préface d'Hubert Juin et une postface d'Henri Guillemin, Edito-Service, Suisse, 1972).

— *Le Prophète Péguy,* par André Rousseaux, Albin Michel, 2 vol., 1946.

— *La Poétique de Péguy,* par Albert Chabanon, Robert Laffont, 1947.

— *L'Art de Péguy,* par Bernard Guyon, Cahiers de l'Amitié Charles Péguy, 1948.

— *L'Eve de Péguy,* par Albert Béguin, Cahiers de l'Amitié Charles Péguy, 1948 (réimprimé au Seuil, 1955).

— *Les Grandes Amitiés,* par Raïssa Maritain, Desclée de Brouwer, 1949.

— *Vie et mort de Péguy,* par René Johannet, Flammarion, 1950.

— *Le Péguy que j'ai connu,* par Maurice Reclus, Hachette, 1951.

— *Incarnation, essai sur la pensée de Péguy,* par Jean Onimus, Cahiers de l'Amitié Charles Péguy, 1952.

— *Péguy socialiste,* par Félicien Challaye, Amiot-Dumont, 1954.

— *Le Vocabulaire, la syntaxe et le style des poèmes réguliers de Péguy,* par Joseph Barbier, Berger-Levrault, 1957.

— *Péguy et le mystère de l'histoire,* par Jean Onimus, Cahiers de l'Amitié Charles Péguy, 1958.

— *Expériences de ma vie : Péguy,* par Jules Isaac, Calmann-Lévy, 1959.

6) *Documentation générale*

Depuis 1946 existe une association, *L'Amitié Charles Péguy,* fondée par Auguste Martin. Elle a publié un bulletin, les *Feuillets* (216 numéros de 1948 à 1977). En 1978, les *Feuillets* ont fait place à un bulletin trimestriel, *L'Amitié Charles Péguy,* où l'on trouve des inédits, des témoignages, des études critiques, des comptes rendus de livres, une bibliographie annuelle et toutes les informations sur l'actualité péguyste (chez Françoise Gerbod, 35, rue du Mont-Valérien, 92210 Saint-Cloud).

A Orléans, un Centre Charles Péguy a été ouvert en 1960. A la fois musée et bibliothèque, il possède presque tous les manuscrits de Péguy et les archives des *Cahiers de la Quinzaine*. A ses huit mille volumes s'ajoutent une iconographie, des périodiques et des microfilms. Ouvert du lundi au vendredi (11, rue du Tabour, 45000 Orléans).

NOTES ET VARIANTES

Page 15-16.

Cette dédicace est analogue à celle qui ouvre *Le Mystère de la charité de Jeanne d'Arc* et qui a pour destinataire un ami de Péguy, Marcel Baudouin, mort le 25 juillet 1896. Cette fois, le *Porche* est dédié à un autre ami, Eddy Marix, mort le 31 août 1908, après avoir écrit une pièce en cinq actes et en vers, *La Tragédie de Tristan et Yseut,* publiée aux *Cahiers de la Quinzaine* le 20 avril 1905 (quinzième cahier de la sixième série).

Le parallélisme entre les deux dédicaces se marque dans la formule d'ouverture : « Non seulement à la mémoire, mais à l'intention », qui postule que Péguy dédie son œuvre à une personne vivante, bien que n'appartenant plus à cette terre. Les relations entre amis continuent après la mort et, comme à la messe, celui qui reste fait une offrande à celui qui est entré dans l'éternité.

Selon le même esprit liturgique, les deux dédicaces s'inscrivent ensuite dans le calendrier des fêtes du Christ et de l'Eglise en faisant mémoire, l'une de Noël et des Rois, l'autre des Rameaux, de Pâques, de la Toussaint et des Morts.

L'une et l'autre aboutissent enfin à la préparation d'une commémoration précise : celle du « cinq centième anniversaire de la naissance de Jeanne d'Arc, qui tombera pour le jour des Rois de l'an 1912 ». La Pucelle passe pour être née le 6 janvier 1412. En l'unissant au jour des Rois, c'est-à-dire à l'Epiphanie, Péguy associe le temporel à l'éternel, l'histoire profane à l'histoire évangélique.

Page 17.

Madame Gervaise, unique protagoniste du *Porche,* est une religieuse franciscaine de 25 ans. Péguy a inventé ce personnage dès sa première *Jeanne d'Arc,* en 1897. Dans le *Mystère de la charité,* il grossit démesurément son rôle en lui confiant l'énorme ajout que constitue le récit de la Passion. Avec le *Porche,* c'est le texte tout entier qu'elle monopolise, et elle continue à peu de chose près dans les *Saints Innocents.*

On ne s'est guère interrogé sur les raisons de cette étonnante promotion. Une étude minutieuse de Renée Balibar (« Sur le personnage de Madame Gervaise dans Péguy », *Revue d'histoire littéraire de la France,* mars-juin 1973) a permis d'établir que le nom venait vraisemblablement des lectures scolaires de l'enfant Péguy (les livres de G. Bruno) et que Madame Gervaise est en quelque sorte une jeune institutrice chargée d'enseigner à Jeanne la mystique chrétienne.

Mais on ne s'est pas demandé pourquoi Péguy en avait fait une franciscaine, appartenant à la réforme introduite par Colette de Corbie. Les premières pages du *Porche* soulignent pourtant ce trait avec force, car elles sont une reprise du Cantique des Créatures, qui reprenait lui-même le thème biblique de Dieu se révélant à travers la Création.

Page 18.

Dans ses souvenirs sur son frère Pierre, Germaine Péguy raconte que l'évocation de « l'aigle royal qui a au moins deux mètres d'envergure » vient sans doute des lectures du jeune fils de l'auteur, passionné d'ornithologie (*L'Amitié Charles Péguy,* n° 16, octobre-décembre 1981, p. 230).

Page 21.

On ne peut s'empêcher de penser que la « petite fille espérance », symbole de tout le poème, s'inspire d'une fillette bien réelle : Germaine, la seconde enfant de Péguy. Elle a alors neuf ans.

Page 22.

Extrait du *Catéchisme d'Orléans,* par l'abbé J. Martineau, Péguy a eu ce livre entre les mains, lorsqu'il suivait à Saint-Aignan le catéchisme qu'enseignait l'abbé Bardet, vicaire de la paroisse.

Page 23.

En disant « mon enfant », Madame Gervaise s'adresse à Jeanne d'Arc, qui sera d'un bout à l'autre du *Porche* son auditrice muette et attentive. L'expression revient à maintes reprises dans la bouche de la religieuse franciscaine, rappelant que ce vaste monologue s'inscrit dans un ensemble dramatique encore plus démesuré (cf. p. 56, 60, 69, 73, 78, 90, 95, 97, 98, 108, 112).

Page 26.

Le « *chemin montant, sablonneux, malaisé* » : citation d'une fable de La Fontaine, *Le Coche et la mouche* (VII-8).

Page 27.

A travers cette image du bûcheron qui travaille l'hiver en forêt,
Péguy évoque certainement un de ses trisaïeux, grand-père de sa
grand-mère maternelle Etiennette Quéré. Dans *Pierre, commencement
d'une vie bourgeoise,* l'écrivain raconte que cet ancêtre « était bûcheron et
abattait de beaux arbres » dans la forêt de Gennetines, en Bourbonnais
(*Œuvres en prose 1898-1908,* Pléiade, 1959, p. 1219).

Les trois enfants du bûcheron sont les trois enfants de Péguy : Mar-
cel né le 10 septembre 1898, Germaine née le 7 septembre 1901 et Pier-
re né le 25 juin 1903.

Page 28.

« Ils sont Français et Lorrains » : la fiction poétique exige que le
bûcheron et ses trois enfants soient contemporains de Jeanne d'Arc, au
XV⁰ siècle, et donc Lorrains comme elle.

Page 33.

Parmi ces noms lorrains : Sévin, Chénin, Jouffin, Damrémont, l'un
est porté par un écrivain d'origine lorraine, ami de Péguy. Emile Ché-
nin (1870-1918) a publié aux *Cahiers,* sous le pseudonyme d'Emile
Moselly, plusieurs ouvrages : *L'Aube fraternelle* (IV-2, 23 octobre 1902),
Jean des brebis ou le livre de la misère (V-15, 1er mai 1904), *Les Retours* (VII-19,
24 juillet 1906), *Le Rouet d'ivoire* (IX-4, 12 novembre 1907). *Jean des brebis* a
obtenu le prix Goncourt en 1907.
Moselly fit paraître ensuite chez Ollendorff d'autres romans que
Péguy aimait : *Joson Meunier* (1910), *Fils de gueux* (1912), *Les Etudiants*
(1914). De 1899 à 1910, il a été professeur de lettres au lycée d'Orléans
où il a eu Maurice Genevoix comme élève (cf. Alfred Saffrey, *Corres-
pondance Péguy-Moselly,* Cahiers de l'Amitié Charles Péguy n⁰ XVIII,
1966, et Jean Bastaire, « L'école réaliste des Cahiers : Lavergne, Mosel-
ly, Hamp, Thierry », dans *Courrier d'Orléans,* n⁰ 35, août 1971, p. 3-21).

Page 38.

« Leur front bombé, tout lavé encore et tout propre du baptême » :
les enfants Péguy, eux, ne sont pas baptisés. On sent ici la nostalgie de
leur père, marié civilement avec une épouse incroyante qui n'accepte
pas les sacrements chrétiens à cause des engagements religieux qu'ils
impliquent.

Page 40.

« *De l'imitation de Jésus* » : titre du célèbre ouvrage de Thomas A. Kempis, *De imitatione Jesu Christi,* contemporain de Jeanne d'Arc et source inépuisable de piété, tant au XVIIe siècle (traduction de Corneille) qu'au XIXe siècle (traduction de Lamennais).

Page 43.

Au moment où il écrit cette page, Péguy vient d'avoir non pas trois mais un enfant malade : son plus jeune fils Pierre, qu'une grippe infectieuse a obligé à rester allongé pendant trois mois, au printemps 1911, avec la crainte qu'il ne demeurât paralysé (*Lettres et entretiens,* réunis par Marcel Péguy, Ed. de Paris, 1954, p. 78). L'année suivante, le même enfant connaîtra deux autres graves alertes : une typhoïde en février et une diphtérie en août (*id.,* p. 117 et 133).

Page 45.

« Il n'en avait pas parlé à sa femme (...) Il vaut mieux ne pas se faire d'affaires dans son ménage » : l'épouse de Péguy étant incroyante et le problème du baptême des enfants ayant déjà créé une tension dans la famille, on comprend que le poète ait préféré garder le silence sur ce recours à la Vierge.

Page 46.

« Les embrasser (...) juste au milieu des cheveux » : dans ses souvenirs sur son frère Pierre, Germaine Péguy note que c'est lui qui présentait ainsi la tête au baiser du père (*L'Amitié Charles Péguy,* n° 16, octobre-décembre 1981, p. 231-232).

Page 48.

« Admire comme cet homme est sage » : Madame Gervaise s'adresse à Jeanne, son auditrice muette, comme un peu plus loin lorsqu'elle dit « je te jure » (p. 53) ou « je vais t'expliquer » (p. 60).

Page 51.

Péguy ne semble pas connaître un saint Marcel pourtant relativement célèbre, pape et martyr, mort en 309, dont la fête tombe le 16 janvier. Dans le bréviaire que le poète détenait et lisait, il aurait pu trouver des détails sur son bref pontificat (308-309). Il y eut un autre saint Marcel, évêque de Paris, mort en 430 et enseveli dans le faubourg qui porte son nom.

Marcel, fils aîné de Péguy, a reçu le prénom de son oncle maternel décédé Marcel Baudouin.

Sainte Germaine (1579-1601), dont la fille cadette de Péguy porte le nom, vécut dans le sud-ouest de la France durant les guerres de religion. Canonisée en 1867, elle est fêtée le 15 juin. Son histoire aurait pu intéresser Péguy, s'il avait voulu s'en informer, car c'était une bergère comme Jeanne d'Arc, morte à peine plus âgée que la Pucelle.

Elles auraient formé un beau trio avec sainte Geneviève (422-502), bergère elle aussi et patronne de Paris, dont la fête tombe le 3 janvier. Péguy a une raison particulière d'appeler Geneviève « *notre grande amie* », car elle s'identifie pour lui à une amie très chère, Geneviève Favre, mère de Jacques Maritain.

Quant à saint Germain, le poète choisit l'évêque d'Auxerre (378-448) à cause de ses liens avec sainte Geneviève. Il aurait pu retenir également un évêque de Paris, vivant au VIe siècle et enseveli dans l'église de Saint-Germain-des-Prés qui lui est dédiée.

Page 53.

Saint Pierre, premier chef de la communauté apostolique et premier pape, supplicié à Rome en 64, avait auparavant renié le Christ durant la nuit de la Passion. En disant qu'« il vaut peut-être mieux ne pas trop en parler », Madame Gervaise ne cherche pas à voiler cette trahison rachetée par le sang, mais incite à l'humilité personnelle l'ensemble des chrétiens qui ne sont pas plus fidèles, comme elle l'a rappelé à Jeanne dans *Le Mystère de la charité* (« combien de coqs chantent pour nous ; la race n'en est pas perdue »).

Pierre, le plus jeune fils de Péguy, a sans doute reçu ce prénom en référence à Pierre Baudouin, pseudonyme sous lequel Péguy lui-même a signé sa première *Jeanne d'Arc* en union avec son beau-frère Marcel récemment disparu. Nouvelle façon de commémorer le défunt.

« *Et les Portes de l'Enfer ne prévaudront point contre elle. Tu es Petrus, et super hanc petram* » : citation de l'Evangile selon saint Matthieu (XVI, 18), la partie latine intervenant avant la partie française dans le texte de la Vulgate.

Page 56.

Parabole de la brebis perdue, d'après l'Evangile selon saint Luc (XV, 1-7).

Page 58.

« *Reine des cieux, régente terrienne / Empérière des infernaux palus* » : début de la *Ballade à Notre Dame* de François Villon (le premier vers est à nouveau cité p. 67).

Page 59.

« A celle qui est Marie / Parce qu'elle est pleine de grâce » : paraphrase des quatre premiers versets de l'*Ave Maria,* qui sont empruntés à l'Evangile selon saint Luc (I, 28 et 42).

Page 63.

« Aussi pure que Eve avant le premier péché » : Péguy confesse ici sa foi en l'Immaculée Conception de Marie. A Stanislas Fumet, il exprima la même foi en ces termes : « Toutes les questions spirituelles et temporelles, éternelles et charnelles, gravitent autour d'un point central auquel je ne cesse de penser et qui est la clef de voûte de ma religion. Ce point, c'est l'Immaculée Conception » (*Hommage à Charles Péguy,* ouvrage collectif, Gallimard, 1929, p. 37).

« *Voyez à ne pas mépriser un de ces petits...* etc. » : citation de l'Evangile selon saint Matthieu (XVIII, 10-14).

Page 64.

« *Et erraverit una ex eis* » : et si l'une d'elles s'est égarée (Matthieu, XVIII, 12). Le texte complet dit : « Si un homme a cent brebis et que l'une d'elles s'est égarée, ne laissera-t-il pas les quatre-vingt-dix-neuf autres dans la montagne pour aller chercher l'égarée. »

Page 65).

« *Bénie entre toutes les femmes* » : troisième verset de l'*Ave Maria* (Luc, I, 42).

Page 68.

« *Le corps même de Jésus* » : Péguy souligne le caractère radical de l'incarnation du Fils de Dieu, qui a vraiment pris un corps semblable à celui de tout homme. Ainsi, par le corps de Jésus, tout homme communie à Dieu.

Page 69.

« Rachetés par la chair et par le Sang » : le Sang du calice eucharistique.

Page 71.

« *Voyez à ne pas mépriser un seul de ces petits...* » : citation de l'Évangile
selon saint Matthieu (XVIII, 10). Le même verset est répété p. 587.

Page 74.

« *Ego sum via, veritas et vita* » : citation de l'Évangile selon saint Jean
(XIV, 6).

Page 75.

« *In monte* » : allusion au sermon sur la montagne (Matthieu, V-VII et
Luc, VI, 12-49).

Page 76.

« O misère, ô malheur » : réminiscence du *Sacre*, de Victor Hugo (*Les
Châtiments*, V, 1). On trouve dans ce poème, répétée dix-sept fois, l'expres-
sion « O douleur, ô misère », qui se renverse une dix-huitième et dernière
fois en « O misère, ô douleur ». Péguy commente longuement ce passage
dans *Clio* (*Œuvres en prose 1909-1914*, Pléiade, 1961, p. 182-200).

Page 79.

« C'est le vase qui se brise (...) et il ne se perd pas une goutte de la
liqueur » : réminiscence du *Vase brisé*, de Sully-Prudhomme (*Stances et
poèmes*). Dans sa jeunesse, Péguy aima ce poète parnassien qu'habitait
un sens profond de la justice et de la douleur humaine.

Page 85.

« Toi quand ta mère t'envoie faire une commission chez le boulan-
ger » : Madame Gervaise s'adresse une fois de plus à Jeanne, qu'elle
assimile à une adolescente du temps de Péguy. Mais on peut douter
qu'il y ait eu un boulanger à Domrémy, au début du XVe siècle.

Page 91.

Parabole de la brebis perdue, citée d'après l'Évangile selon saint
Luc (XV, 1-7).

Page 97.

« *Christ est ressuscité* » : formule de la liturgie pascale.

Page 99.

« Le corps de Jésus, dans toute église, n'est-il pas (...) à la merci du dernier des soldats » : allusion aux misères de la guerre de Cent Ans (pillage d'églises, profanation d'hosties). Dans *Le Mystère de la charité*, Jeanne disait déjà à Madame Gervaise : « Savez-vous que les soldats font ripaille avec les très saintes hosties consacrées ? »

Page 103.

Saint Loup (ou Leu) est un saint populaire dans l'Orléanais, patrie de Péguy. On retrouve son culte en Normandie et dans le Bassin parisien. S'agit-il d'un évêque de Troyes, au Ve siècle, qui défendit sa ville contre Attila, ou d'un évêque de Lyon, au VIe siècle, qui présida un concile régional à Orléans ? C'est plus probablement un archevêque de Sens, au VIIe siècle, qui fut exilé par Clotaire II et auquel on consacra un grand nombre de sanctuaires.

« Ces dix drachmes (...) comme qui dirait dix livres parisis » : allusion à la parabole des dix drachmes, d'après l'Évangile selon saint Luc (XV, 8-10). La livre parisis (= de Paris) était une monnaie de l'Ancien Régime qui valait vingt sols et dont l'usage fut aboli sous Louis XIV.

Page 106.

« *Advocata nostra* » : notre avocate. Citation de l'hymne liturgique *Salve regina*, qui semble remonter au VIe siècle.

Page 107.

Parabole des dix drachmes, citée d'après l'Évangile selon saint Luc (XV, 8-10).

Page 108.

« La parabole de l'enfant égaré » : allusion à la parabole de l'enfant prodigue, d'après l'Évangile selon saint Luc (XV, 11-32). Cette parabole était chère à Péguy entre toutes. Non seulement il la médite dans le *Porche* et les *Saints Innocents*. Mais elle occupe une place royale dans *La Ballade du cœur,* telle que l'a reconstituée Julie Sabiani (*Œuvres poétiques complètes*, Pléiade, 1975).

Page 109.

« Depuis treize ou quatorze siècles qu'elles servent, et depuis deux mille ans » : Madame Gervaise compte par rapport au XVe siècle où elle vit, mais aussi par rapport au XXe siècle où vit Péguy.

Page 110.

« *Or il dit : un homme avait deux fils* » : premier verset de la parabole de l'enfant prodigue (Luc, XV, 11). Ce verset est repris ensuite comme un refrain (cf. p. 112, 114, 115).

Page 112.

« Quand une fois cette parole a mordu au cœur / Le cœur infidèle et le cœur fidèle, / Nulle volupté n'effacera plus/ La trace de ses dents / (...) Ainsi elle accompagne l'homme dans ses plus grands débordements » : allusion à la crise qui ravagea Péguy en ces années-là. Aimant une jeune femme, Blanche Raphaël, il ne céda pas à la passion et, comme Pauline dans le *Polyeucte* de Corneille qu'il admirait tant, préféra l'« honneur » au « bonheur ».

« *Il n'entre pas dans la volonté de Dieu / Qu'un seul de ces petits périsse* » : citation de l'Évangile selon saint Matthieu (XVIII, 14).

Page 113.

« Et si loin qu'aille l'homme, loin du foyer, loin du cœur (...) dans les hontes du cœur » : nouvelle allusion à la passion de Péguy pour Blanche Raphaël.

Page 116.

« Et je n'en reviens pas moi-même / Et il faut que ma grâce soit tellement grande » : Marcel Péguy propose d'intercaler ici une variante qui reprend et développe l'affirmation « Je n'en reviens pas moi-même » (*Œuvres poétiques complètes*, Pléiade, 1957, p. 1512-1514) :

Je n'en reviens pas moi-même, dit Dieu. Je ne croyais pas que j'aurais si bien réussi :
Je sais d'où ça vient. Je sais très bien mon catéchisme.
Tout cela vient de cette petite espérance. C'est une vertu qui se rapporte directement à moi (*Il y avait une grande procession. En tête s'avançaient*
Les trois Théologales).
Tout cela vient de cette enfant. Je la connais bien.
Elle est insatiable. *Je leur donnerai ma grâce en ce monde et ma gloire dans l'autre.*
Parce que je leur ai promis et que je suis souverainement fidèle dans mes promesses.
Voilà où je me suis engagé envers eux.

Et il n'est pas de ma volonté,
Non est posita ante me voluntas,
N'est pas posée devant moi la volonté
Qu'un seul de ces petits périsse.

Tout ça c'est de la faute à cette enfant. Elle est allée tout raconter à
tout le monde.
Il ne faudrait rien dire devant les enfants.

Elle est allée raconter à toute ma création le plus grand de tous mes
secrets.
Les enfants jouent avec des secrets comme avec des balles à la balle au
chasseur.
Quelle imprudence. Mais elle avait le droit. C'est une enfant.
C'est moi qui ai été imprudent. Il ne fallait pas laisser passer devant
une enfant
Mon plus grand secret. *Un homme avait deux fils.* Elle est allée, c'est une
enfant qui est allée raconter à des enfants.
Un grand secret des grandes personnes.
Et maintenant ces pauvres enfants ont l'espérance tellement chevillée
au cœur
Que rien ne l'en déracinera plus.

Il faut qu'il y ait dans cette enfant un secret,
Dit Dieu,
Un secret de sa force. Elle arrive où toutes les autres n'arrivent pas.
Elle fait ce que toutes les autres ne font pas.
Il faut qu'il y ait dans cette enfant un secret.
Une force.
Entre toutes mes filles les vertus.
Elle est une de mes filles les plus grandes.
(J'en ai trois grandes, entre toutes).
Elle réussit où toutes les autres manquent.
Mais son secret, dit Dieu, parbleu ce n'est pas malin, moi aussi je sais
tous les secrets du monde.
Je suis en dedans des secrets de la création.
Mon regard est dedans.
Mon regard est la lumière même.
Qui éclaire.
Son grand secret, mais oui, c'est justement qu'elle est une enfant.

Page 117.

« Aux rives de Meuse / Une belle eau lorraine » : la scène se situe en
pleine campagne, non loin de Domrémy, là où Jeanne fait paître ses
moutons.

Page 119.

« Très douloureux jardins, des âmes ont poussé là / Qui ont souffert
sans rompre l'alignement / Le plus dur martyre » : nouvelle allusion à

l'amour de Péguy pour Blanche Raphaël et à la résistance qu'il opposa à cette passion.

Page 124.

L'oncle dont il est question est Albert Baudouin, frère de Charlotte, mariée à Péguy, et de Marcel, l'ami défunt. Albert Baudouin vivait avec la famille Péguy.

Page 126.

« *Malheur à celui qui est tiède* » : allusion au verset de l'Apocalypse : « Puisque tu es tiède, et ni chaud ni froid, je vais te vomir de ma bouche » (III-16).

Page 131.

« *Un homme avait deux fils* » : rappel de la parabole de l'enfant prodigue (Luc, XV, 11), auquel se mêle une allusion à la parabole de l'ivraie (Matthieu, XIII, 24-30).

Page 138.

« Quand Jésus travaillait chez son père » : Péguy esquisse ici la célé-bration de la vie privée de Jésus, source commune de sainteté, qu'il va développer dans *Un nouveau théologien M. Laudet,* écrit en même temps que la fin du *Porche.*

Page 139.

« *Un homme avait deux fils* » : nouveau rappel de la parabole de l'enfant prodigue (Luc, XV, 11), auquel est mêlée cette fois une allusion à la parabole des ouvriers de la onzième heure (Matthieu, XX, 1-16).

Page 151.

« Au puits de Rebecca, au puits de la Samaritaine » : allusions à un épisode de l'Ancien Testament, le mariage d'Isaac et de Rebecca (Ge-nèse, ch. XXIV), et à un épisode du Nouveau Testament, l'entretien de Jésus avec la Samaritaine (Jean, IV, 1-42).

Page 153.

« *Etincelante et sombre* (...) / *O silence de l'ombre* » : sans doute réminiscence hugolienne. Dans *Victor-Marie, comte Hugo*, Péguy note « cette sorte de bail éternel par lequel Victor Hugo s'était assuré la propriété exclusive, l'usage et l'emploi du mot *ombre* au singulier et au pluriel, surtout à la rime. Ces rimes en *ombre(s)* lui ont quelquefois donné de beaux effets » (*Œuvres en prose 1909-1914*, Pléiade, 1961, p. 713).

Page 156.

Joseph d'Arimathée était un notable juif, disciple de Jésus, qui vint réclamer à Pilate le corps du crucifié afin de l'ensevelir dans son propre tombeau. Cette générosité inspire à Madame Gervaise, dans *Le Mystère de la charité*, la remarque suivante :

On peut se prêter son âne pour aller au marché.
On peut se prêter son baquet pour faire la lessive.
(...)
Mais se prêter un sépulcre
Ce n'est pas ordinaire.

« Portant le linceul blanc » : Marcel Péguy donne ici une variante qui constituait la fin du texte et que Péguy retrancha d'un coup de ciseaux pour avoir une meilleure *chute* (*Œuvres poétiques complètes*, Pléiade, 1957, p. 1514-1515) :

O nuit tu n'avais pas eu besoin d'aller demander la permission à Pilate.
    C'est pourquoi je t'aime et je te salue.
Et entre toutes je te glorifie et entre toutes tu me glorifies
Et tu me fais honneur et gloire
Car tu obtiens quelquefois ce qu'il y a de plus difficile au monde,
Le désistement de l'homme,
L'abandonnement de l'homme entre mes mains.
Je connais bien l'homme. C'est moi qui l'ai fait.
On peut encore lui demander beaucoup. Il n'est pas trop mauvais.
Quand on sait le prendre, on peut encore lui demander beaucoup.
Lui faire rendre beaucoup. Et Dieu sait si ma grâce
Sait le prendre, si avec ma grâce
Je sais le prendre. On peut lui demander beaucoup de cœur, beaucoup
    de charité, beaucoup de sacrifice.
Mais ce qu'on ne peut pas lui demander, sacrédié, c'est un peu d'espé-
    rance.
Un peu de confiance, quoi, un peu de détente,
Un peu de remise, un peu d'abandonnement dans mes mains.
Un peu de désistement. Il se raidit tout le temps.
Or toi, ma fille la nuit, tu réussis, quelquefois, tu obtiens quelquefois
    cela
De l'homme rebelle.
Qu'il consente, ce monsieur, qu'il se rende un peu à moi.
Qu'il détende un peu ses pauvres membres las sur un lit de repos.
Qu'il détende un peu sur un lit de repos son cœur endolori
Que sa tête surtout ne marche plus. Elle ne marche que trop, sa tête.
    Et il croit que c'est du travail, que sa tête marche comme ça.

Que ses idées ne marchent plus et ne se battent plus dans sa tête
et ne grelottent plus.
Comme les graines dans une courge vide. Pour ce qu'elles valent, ses
idées.
Or toi, ma fille la nuit, toi seule ici
En ceci tu es efficace, je le sais, toi seule tu obtiens
Ce que les autres n'obtiennent pas, un peu de rémission, un peu d'al-
légement
Un peu de renoncement.
De ce renoncement le plus difficile de tous les renoncements
Un peu de ce désistement.
Ainsi ma fille tu es la plus efficace
La seule efficace en ce qui est le plus difficile.
En ce qui seul est difficile. On dit que l'homme est avare.
On le connaît mal. Oui l'homme est avare.

Cet ouvrage,
le deux cent quatrième
de la collection Poésie,
composé par SEP 2000
a été achevé d'imprimer par
l'imprimerie Bussière à Saint-Amand (Cher),
le 13 avril 1993.
Dépôt légal : avril 1993.
1ᵉʳ dépôt légal dans la collection : janvier 1986.
Numéro d'imprimeur : 1095.
ISBN 2-07-032345-5./Imprimé en France.

65162